Modernisierung des öffentlichen Sektors

herausgegeben von / edited by

Band 47

Susanne A. Dreas | Tanja Klenk

Führung und Arbeitsbedingungen in der digitalisierten öffentlichen Verwaltung

Das Evaluationsvorhaben sowie das Projekt „FührDiV“ wurden im Rahmen der Initiative „Neue Qualität der Arbeit (INQA) vom Bundesministerium für Arbeit und Soziales (BMAS)“ gefördert. Fachlich begleitet wurde das Projekt von der Bundesanstalt für Arbeitsschutz und Arbeitsmedizin (BAuA). Die Open-Access-Veröffentlichung wurde zusätzlich von der Hochschule Neubrandenburg gefördert.

Die Deutsche Nationalbibliothek verzeichnet diese Publikation in der Deutschen Nationalbibliografie; detaillierte bibliografische Daten sind im Internet über http://dnb.d-nb.de abrufbar.

1. Auflage 2021

Publiziert von
Nomos Verlagsgesellschaft mbH & Co. KG
Waldseestraße 3–5 | 76530 Baden-Baden
www.nomos.de

Gesamtherstellung:
Nomos Verlagsgesellschaft mbH & Co. KG
Waldseestraße 3–5 | 76530 Baden-Baden

ISBN (Print): 978-3-8487-8256-7
ISBN (ePDF): 978-3-7489-2621-4

DOI: https://doi.org/10.5771/9783748926214

Onlineversion
Nomos eLibrary

edition sigma in der Nomos Verlagsgesellschaft

Vorwort

Der vorliegende Evaluationsbericht war gerade fertiggestellt, als am 16. März 2020 ein bundesweiter Lockdown ausgerufen wurde. Von einem auf den anderen Tag ging eine Vielzahl der Arbeitnehmer*innen in Deutschland für mindestens zwei Monate ins Homeoffice. Dienstreisen waren von diesem Zeitpunkt an kaum noch möglich. Davon war auch der öffentliche Dienst nicht ausgenommen. Telearbeit, digitale Kommunikationstools oder virtuelle Teamarbeit – was vorher kritisch diskutiert oder als nicht realisierbar eingeschätzt wurde, war jetzt über Nacht plötzlich möglich. Auch nach den Lockerungen ab Ende Mai entschieden viele Arbeitgeber*innen, den Beschäftigten in den Dienststellen weiterhin die Arbeit von zu Hause zu ermöglichen.

Die gute Seite: Viele Menschen haben in wenigen Wochen ihre digitalen Kompetenzen weiterentwickelt. Sie halten ihre täglichen Abläufe aufrecht und erledigen ihre Arbeitsaufgaben, was ohne das Internet nicht möglich wäre und können sich dabei die Arbeit nun selbstbestimmter einteilen. Schnell wurde aber auch die Kehrseite der Medaille deutlich: schmerzende Augen von unzähligen Videokonferenzen, der Laptop auf dem Küchentisch – eingezwängt zwischen Kaffeetasse und Frühstücksteller – und der fehlende Austausch mit den Kolleg*innen in der Kaffeeküche. Besonders belastet waren Eltern, die während des Lockdowns zusätzlich die Tagesbetreuung bzw. das Homeschooling ihrer Kinder übernehmen mussten.

Im Projekt *„Führung in der digitalisierten öffentlichen Verwaltung – Social Labs & Tools für die demokratische Verwaltungskultur von heute“* (FührDiV) begannen mehr als zwei Jahre vor Corona sieben Pilotverwaltungen innovative Lösungen zu entwickeln, um ihre Organisationsstrukturen und Abläufe an eine zunehmend digitalisierte Arbeitswelt anzupassen. Im Mittelpunkt stand die Frage, wie Arbeitsbedingungen mitbestimmungs- und beteiligungsorientiert gestaltet werden können, damit Führungskräfte und Beschäftigte ihre Potenziale in die öffentliche Verwaltung einbringen können. Die Pilotverwaltungen beschäftigten sich mit vielseitigen Themen wie Führen auf Distanz, Nutzung digitaler Kommunikationstechniken, Möglichkeiten der agilen Arbeitsgestaltung, aber auch mit Aspekten des Arbeits- und Gesundheitsschutzes. Manche Fragen, z. B. ob virtuelle Teammeetings überhaupt funktionieren, stellen sich nun nicht mehr in dieser Grundsätzlichkeit, während andere dagegen umso mehr in den Mittelpunkt rücken, wie

z. B. der Gesetzesvorschlag zum Rechtsanspruch und zur Regulierung von Arbeit im Homeoffice zeigt. Die Ergebnisse des Projektes erhalten vor dem Hintergrund der Corona-Krise somit eine besonders aktuelle Relevanz.

Das Projekt ‚FührDiV' hat eine Vielzahl von Ergebnissen in Form von Leitfäden, Checklisten und Anregungen für die Erstellung von Dienstvereinbarungen erarbeitet. Diese Ergebnisse und viele Praxisbeispiele finden sich in dem ebenfalls veröffentlichten Handlungsleitfaden „Führung in der digitalisierten öffentlichen Verwaltung" (Download unter https://fuehrdiv.org/hanf lungsleitfaden.html).

Die Digitalisierung der öffentlichen Verwaltung ist und bleibt ein kontrovers diskutiertes Thema. So konnten die Vertreter*innen der Sozialpartner, die im Beirat des Projektes die Digitalisierungsvorhaben der Pilotverwaltungen begleiteten, nicht in allen Aspekten eine einheitliche Position finden. Unterschiedliche Positionen gibt es insbesondere zu Aspekten wie Schutzfunktion, Beteiligung und Einhaltung von Rahmenbedingungen (tarifvertragliche und gesetzliche Regelungen). Konkret ging es um die Möglichkeit der Nutzung von Experimentierklauseln bei der Gestaltung der Arbeitszeit, zur Verantwortung des Arbeitgebers für den Arbeits- und Gesundheitsschutz, zur Beteiligung und Mitbestimmung bei Digitalisierungsprojekten und zum Zugang zu Verwaltungsleistungen (‚digital first'). Für den vorliegenden Ergebnisbericht unserer Studie hatten sich die Vertreter*innen der Gewerkschaften (Vereinte Dienstleistungsgewerkschaft (ver.di) und Deutscher Gewerkschaftsbund (DGB)) eine deutlichere Positionierung zu diesen Themen gewünscht, der wir jedoch in unserer Rolle als externe Evaluator*innen nicht in jeder Hinsicht entsprechen konnten. An dieser Stelle sei dennoch auf zwei Aspekte verwiesen, die von gewerkschaftlicher Seite während des Projektes immer wieder betont wurden: „Bei Digitalisierungsprozessen in der öffentlichen Verwaltung müssen die Rechte der Beschäftigten geschützt werden und die Arbeitgeberseite mit ihren Führungskräften ihre Verantwortung für gelungene Digitalisierungsprozesse übernehmen. In diesem Zusammenhang wurde besonders die Gewährleistung des Arbeits- und Gesundheitsschutzes inklusive der Verhinderung einer Entgrenzung der Arbeit, der Ausschluss von Verhaltens- und Leistungskontrollen, die Durchsetzung des (Beschäftigten-) Datenschutzes und die Umsetzung von Personalentwicklungskonzepten hervorgehoben, die im Rahmen betrieblicher prozessorientierter Mitbestimmungsprozesse mit den Personalräten unter Einbeziehung der Beschäftigten vereinbart und umgesetzt werden müssen" (Zitat Stellungnahme ver.di).

Der vorliegende Evaluationsbericht ordnet die Ergebnisse des Projektes in den Gesamtkontext der Digitalisierung der öffentlichen Verwaltung ein und leitet Schlussfolgerungen für die Gestaltung ‚guter Arbeit' in der digitalen Verwaltung ab. Wir hoffen, dass die Beispiele aus dem Projekt FührDiV in vielen Bereichen der öffentlichen Verwaltung aufgegriffen werden, denn schon jetzt ist absehbar, dass uns die neuen digitalen Arbeits-, Organisations- und Kommunikationsformen auch nach der Krise erhalten bleiben werden.

Inhalt

Abbildungsverzeichnis

1. Einleitung

Die Digitalisierung eröffnet für Staat und öffentliche Verwaltung viele Chancen: sie erlaubt, die öffentliche Verwaltung bürgernäher zu gestalten, die Qualität öffentlicher Leistungen zu verbessern und interne Abläufe effizienter auszuarbeiten (vgl. Wirtz & Daiser, 2018). So erwarten Bürger*innen mehr Transparenz und Möglichkeiten zur Partizipation, schnellere und unbürokratische Entscheidungswege sowie niedrigschwellige, online-gestützte Kommunikations- und Verfahrensabläufe bei der Bearbeitung ihrer Anliegen. Digitalisierung kann der Treiber sein, der dem ins Stocken geratenen Prozess der Verwaltungsmodernisierung wieder neuen Auftrieb verleiht, um dem Leitbild einer responsiven, effizienten und effektiven öffentlichen Verwaltung näherzukommen.

Der durch die digitale Transformation angestoßene Organisationswandel in der öffentlichen Verwaltung ist durch ein aktives Veränderungsmanagement zu begleiten, in welches Mitarbeitende frühzeitig einzubeziehen sind. Das Projekt *‚Führung in der digitalisierten öffentlichen Verwaltung – Social Labs & Tools für die demokratische Verwaltungskultur von heute‘* (FührDiV), das unter dem Dach der Initiative „Neue Qualität der Arbeit (INQA)“ initiiert und vom Bundesministerium für Arbeit und Soziales (BMAS) gefördert wurde, hatte sich ein solches aktives Veränderungsmanagement in sieben ausgewählten Pilotverwaltungen zum Ziel gesetzt. Jede Pilotverwaltung hatte eine Projektgruppe eingerichtet, um modellhaft praktische Lösungen zu erproben. Die Laufzeit des Modellprojektes begann am 01.07.2017 und endete zum 31.12.2019.

Im Fokus des Evaluationsvorhabens stehen die wissenschaftliche Begleitung der FührDiV-Projektaktivitäten und die Untersuchung ihrer Auswirkungen auf Führungskräfte und Mitarbeitende in der Verwaltung. Die Projektaktivitäten waren vornehmlich auf die Binnenstrukturen der Verwaltung gerichtet und konzentrierten sich auf die Führung und Arbeitsgestaltung im digitalisierten öffentlichen Dienst. Ausgehend von den Projektzielen haben wir untersucht:

1. zu welchen direkten sicht- und messbaren Ergebnissen (Output) die Projektaktivitäten geführt haben,
2. welche Veränderungen Führungskräfte und Mitarbeiter*innen nach Umsetzung der Modellvorhaben bei sich selbst wahrnehmen (Outcome) und

3. welche organisationalen Rahmenbedingungen förderlich bzw. hinderlich waren, um die Projektziele zu erreichen.

Für eilige Leser*innen findet sich eine Zusammenfassung der zentralen Evaluationsergebnisse in Kapitel 2. Die Langfassung beginnt mit einer Klärung des Digitalisierungsbegriffs und gibt einen Überblick über den aktuellen wissenschaftlichen Diskurs zu Digitalisierung und den damit verbundenen Anforderungen für Führung und Organisationsgestaltung in der öffentlichen Verwaltung (Kapitel 3). Nach einer kurzen Vorstellung der Pilotverwaltungen und einer Einführung in die Methodik der Untersuchung (Kapitel 4) folgt ein Überblick über die Ausgangslage in den Pilotverwaltungen (Kapitel 5). Im Rahmen einer Ist-Analyse haben wir in den vier zentralen Handlungsfeldern Personal, Führung, Kommunikation und Organisation erhoben, inwieweit die Pilotverwaltungen bereits vor Projektbeginn auf die digitale Transformation vorbereitet waren. In Kapitel 6 werden die Projektergebnisse in den vier genannten Handlungsfeldern im Detail dargestellt: Hier hat uns vor allem interessiert, inwieweit sich durch die Aktivitäten und Maßnahmen des Projekts FührDiV Grundhaltungen von Beschäftigten und Führungskräften gegenüber Digitalisierung verändert haben, ob neue Kommunikationswege und Kommunikationskanäle genutzt werden und inwiefern es den Pilotverwaltungen gelungen ist, Strukturen und Prozesse an eine zunehmend digitalisierte und flexible Arbeitswelt anzupassen. In Kapitel 7 stellen wir dar, auf welche hemmenden und förderlichen Rahmenbedingungen die beteiligten Akteur*innen während der Projektumsetzung gestoßen sind. Dabei gehen wir auch auf die Möglichkeiten und Grenzen der Prozessberatung im Projekt FührDiV ein.

In Kapitel 8 geben wir Anregungen für die Gestaltung „guter" Arbeit in der digitalisierten Verwaltung. Dabei werden drei unterschiedliche Ebenen in den Blick genommen:

1. auf der organisationalen Ebene benennen wir Ansatzpunkte für die Personal- und Organisationsentwicklung zur proaktiven Gestaltung der digitalen Transformation,
2. auf der Ebene der Politikgestaltung zeigen wir auf, an welchen Stellen gesetzliche/tarifliche Regelungen angepasst werden könnten, um Digitalisierungsvorhaben einfacher umzusetzen.
3. Schließlich geben wir auch Hinweise darauf, wie sich die Interessenvertretung bei der Gestaltung digitaler Veränderungsprozesse einbringen kann. Im Fokus stehen dabei insbesondere die Personalräte, die in FührDiV eine Schlüsselrolle in der beteiligungsorientierten Projektumsetzung innehatten.

2. Zusammenfassung – Executive Summary

1) Fragestellung

Das Projekt *‚Führung in der digitalisierten öffentlichen Verwaltung – Social Labs & Tools für die demokratische Verwaltungskultur von heute‘* (FührDiV) hatte zum Ziel, in sieben ausgewählten Pilotverwaltungen die digitale Transformation der öffentlichen Verwaltung durch ein aktives, mitbestimmungs- und beteiligungsorientiertes Veränderungsmanagement voranzutreiben. FührDiV wurde im Rahmen der Initiative „Neue Qualität der Arbeit (INQA)“ durch das Bundesministerium für Arbeit und Soziales (BMAS) gefördert. Untersucht wurde (1.) zu welchen direkt sicht- und messbaren Ergebnissen (Output) die Projektaktivitäten geführt haben, (2.) welche Veränderungen Führungskräfte und Mitarbeiter*innen nach Umsetzung der Modellvorhaben bei sich selbst wahrnehmen (Outcome) und (3.) welche organisationalen Rahmenbedingungen förderlich bzw. hinderlich waren, um die Projektziele zu erreichen.

2) Forschungsdesign

Das Evaluationsvorhaben ist formativ angelegt, d. h. nach jedem Evaluationsschritt wurden die Zwischenergebnisse an den Auftraggeber rückgekoppelt, um ggf. Korrekturen im Projektablauf vornehmen zu können. Das Forschungsdesign ist qualitativ ausgerichtet, so dass wir auf die Besonderheiten und Eigenheiten jeder Organisation eingehen konnten. Die Daten zu den Themenfeldern Personal, Führung, Kommunikation und Organisation wurden in Form von Gruppendiskussionen mit den Projektgruppen in den Pilotverwaltungen am Anfang, in der Mitte und am Ende der Projektlaufzeit erhoben. Ergänzt wurde die Erhebung durch eine Online-Befragung zu den Projektergebnissen, an der sich insgesamt 50 Mitglieder aus den FührDiV-Projektgruppen in den Pilotverwaltungen beteiligten.

3) Ausgangslage in den Pilotverwaltungen

Zu Beginn des Projekts FührDiV wiesen die Pilotverwaltungen mehrheitlich einen niedrigen Digitalisierungsstand auf. Digitale Arbeitsformen werden zwar zunehmend eingesetzt, um räumlich und zeitlich flexibel arbeiten zu können. Sie sind aber häufig immer noch besonders begründungsbedürftig, gelten als eine Ausnahme und sind zum Teil nur für spezifische Beschäftigtengruppen offen. Digitale Kommunikation in der Verwaltung beschränkt sich weitgehend auf E-Mail-Verkehr. Neue Kommunikationsmedien wie Social Media oder Instant Messenger werden bis auf wenige Ausnahmen nicht genutzt.

Bei den Beschäftigten der Pilotverwaltungen gibt es sowohl optimistische als auch pessimistische Haltungen gegenüber der Digitalisierung. Die Führungskräfte in den Pilotverwaltungen sehen sich selbst noch nicht ausreichend auf den digitalen Wandel vorbereitet und können damit ihrer Rolle als Change Agents für die digitale Transformation nicht gerecht werden. Verbindliche Werte und Prinzipien zum Themenfeld Digitalisierung sind in keiner Pilotverwaltung vorhanden. Selbst über das Vorhandensein allgemeiner Leitlinien und Werte herrscht in den Projektgruppen Unsicherheit. Organisationslernen, Innovationen und Wissensmanagement finden bisher nur sehr eingeschränkt oder gar nicht statt.

4) Ergebnisse

In allen sieben Pilotverwaltungen wurden unter dem Dach des Projekts FührDiV verschiedene Digitalisierungsvorhaben durchgeführt. Die Ergebnisse des Projekts lassen sich sowohl auf der quantitativen (Output) als auch auf der qualitativen (Outcome) Ebene nachweisen. Auf der quantitativen Ebene manifestieren sich die Projektergebnisse in einer Vielzahl von

- Maßnahmen, die in den Pilotverwaltungen durchgeführt wurden (Nutzung von Methoden des agilen Projektmanagements (Design-Thinking, World-Café, Barcamp), Einrichtung von ‚Innolabs' (Räume für kreative Workshop und Meetings und Benennung von ‚Innolotsen')),
- Produkten, die erarbeitet wurden (z. B. Leitfäden und Handlungshilfen zum „Arbeiten in virtuellen Teams“ oder Dienstvereinbarungen zum flexiblen Arbeiten/Rahmen-Dienstvereinbarungen zur Gestaltung des digitalen Wandels, Toolbox zur Strategischen Personalplanung, INQA-Checks für die öffentliche Verwaltung für die Themen Führung, Wissen & Kompetenz sowie Gesundheit),
- Aktivitäten (Vorträge, Projektgruppentreffen, Workshops, Netzwerktreffen), die innerhalb der einzelnen Pilotverwaltungen stattgefunden haben, zum Teil aber auch von allen Pilotverwaltungen gemeinsam unternommen wurden.

Durch die Aktivitäten, Maßnahmen und erarbeiteten Produkte konnten in den Pilotverwaltungen strukturelle Innovationen sowohl mit Blick auf die Aufbauorganisation (z. B. die Einführung eines dualen Betriebssystems und die Bearbeitung von Digitalisierungsvorhaben in einer Matrixstruktur) als auch hinsichtlich der Ablauforganisation (z. B. Dienstvereinbarungen zur Regelung der Ausgestaltung digitaler Arbeitsformen oder partizipative Veranstaltungsformate wie Barcamps und Design-Thinking-Workshops) erzielt werden.

Auf der *Outcome-Ebene* (Wirkungen bei Führungskräften und Beschäftigten) können folgende Ergebnisse konstatiert werden:

- Das Thema ‚Digitalisierung' wurde erfolgreich in den Pilotverwaltungen platziert – und zwar nicht als ein reines Technologie-Thema, sondern als ein Thema, das zwingend die Zusammenschau von Führung, Personal, Organisation und Technik verlangt;
- Wissensvermittlung (z. B. zum Thema Agilität) fand im Rahmen unterschiedlicher Qualifizierungsformate statt.
- Zum Erkenntnisgewinn gehört auch die Einsicht, dass sich agile Formen der Arbeitsgestaltung vor allem für kreative und innovative Problemlösungen in klar abgegrenzten Projekten eignen, nicht jedoch für die Durchführung von standardisierten Routine–Aufgaben.
- Die Beschäftigten wurden für Chancen und Herausforderung der Digitalisierung sensibilisiert.
- Es wurde ein Bewusstsein für die Möglichkeiten von Veränderungen geschaffen – nicht nur auf Ebene der Beschäftigten, sondern auch und gerade auf Ebene der Führungskräfte. Dass ‚Digitalisierung Chefsache ist', bedeutete für die Pilotverwaltungen des Projekts FührDiV Führungskulturen kritisch zu reflektieren und Anforderungen an Führungsleitbilder in einer Verwaltung 4.0 zu formulieren.
- Durch das Projekt wurde in den Pilotbehörden – zumindest in Teilbereichen – ein kultureller Wandel eingeleitet. Mit FührDiV als Reallabor für die Arbeitswelt 4.0 gelang es, Kreativität freizusetzen, Interesse an der Entwicklung digitaler Innovationen zu wecken, Impulse für den Erwerb digitaler Kompetenzen zu setzen sowie neue Lernformen und -orte auszuprobieren.
- Der kulturelle Wandel manifestiert sich auch darin, dass neue Kommunikations- und Interaktionsformen, die hierarchische Entscheidungswege punktuell aufbrechen und zu schnelleren Entscheidungen und mehr Eigenverantwortung der Beschäftigten führen, als wichtig erachtet wurden.
- Das Projekt eröffnete Raum für die Erprobung innovativer Führungs- und Teamrollen und ermöglichte die Anwendung neuer Kommunikationstechnologien.

- Es wurde ein Bewusstsein dafür geschaffen, dass Beteiligung ein zentraler Erfolgsfaktor für Digitalisierungsprozesse ist. Beteiligung meint die frühzeitige Einbindung und Mitwirkung von Personalrat, Führungskräften und Beschäftigten.
- Die beteiligten (Gesamt-)Personalräte haben sich mit ihrem spezifischen Wissen über Personal und Veränderungsprozesse eingebracht; zugleich konnten sie im Rahmen verschiedener Qualifizierungsformate neues Fachwissen erarbeiten, um sich noch besser zu Digitalisierung positionieren zu können.

Die Projektabschlussveranstaltung war noch nicht lange vergangen, als die Corona-Krise, die allen die Notwendigkeit von digital erreichbaren öffentlichen Einrichtungen und Dienstleistungen eindrücklich vor Augen geführt hat, ihren Lauf nahm. Es ist vor diesem Hintergrund zu erwarten, dass das Projekt FührDiv mit seinen Themen Führung, Personal, Organisation und Technik auch langfristige Wirkung (impact) zeigen wird und seine Effekte deutlich über die eigentliche Zielgruppe – ausgewählte Bereiche in Pilotverwaltungen – hinausgehen werden.

5) Implementationshindernisse

Ressourcenknappheit: Viele Gründe, die die FührDiV-Modellvorhaben erschwerten, waren *nicht* digitalisierungsspezifisch: Als kritisch erwies sich zum einen eine mangelhafte finanzielle, personelle und zeitliche Ressourcenausstattung. Die Projektteams mussten die Reformprojekte meist ohne zusätzliche nennenswerte Ressourcen stemmen, was die Motivation der Beschäftigten und die Dynamik der Projekte mitunter hemmte.
Fehlende Unterstützung der Führungsebene: Als problematisch erwies sich in manchen Pilotverwaltungen eine fehlende Unterstützung durch die mittlere, in einem Fall aber auch durch die obere Führungsebene. Diese Blockadehaltungen sind ein typisches Problem bei Organisationsreformen. Wichtig für zukünftige Digitalisierungsvorhaben ist es deshalb, die Ursachen der ablehnenden Haltung der mittleren Führungsebene zu verstehen: Führungskräfte waren skeptisch, weil sie befürchteten, mit ihren Teams aufgrund der Ressourcenknappheit die regulären Arbeitsaufgaben nicht zu bewältigen zu können. Weiterhin zeigten sie sich reserviert gegenüber den Digitalisierungsprojekten, weil ihnen der Kompass fehlte: Wohin steuert die digitale Verwaltung und welche Veränderungen ergeben sich hieraus für meine Führungsaufgaben? Durch diese Evaluationsergebnisse wurde deutlich, dass Projekte wie FührDiV, die Führungskräfte und Führungsaufgaben in der Ver-

waltung 4.0 in den Mittelpunkt rücken, von zentraler Bedeutung für das Gelingen der Digitalisierung der öffentlichen Verwaltung sind.
Datenschutz: Der Datenschutz erwies sich als ein großes Implementationshindernis. Hemmend waren dabei weniger die datenschutzrechtlichen Vorgaben per se, sondern die Unwissenheit der Projektverantwortlichen über datenschutzrechtliche Vorgaben. Die Unsicherheit darüber, was datenschutzrechtlich zulässig ist und was nicht, erlaubte es Akteuren wiederum, den Datenschutz als ein strategisches Argument ins Feld zu führen, um Veränderungen abzublocken. So war ein vielgehörtes Argument gegenüber mobilem Arbeiten, dass dies ‚grundsätzlich' aus ‚datenschutzrechtlichen Gründen' in der öffentlichen Verwaltung überhaupt gar nicht möglich ist.

6) Erfolgsfaktoren

Motivation und Engagement der Beschäftigten: Die Motivation der Beschäftigten war ein zentraler Grund, weshalb die Digitalisierungsprojekte der Pilotverwaltungen trotz suboptimaler Voraussetzungen Erfolge erzielten. Besonders positiv wurden Veranstaltungsformate bewertet, in denen sich die Mitarbeiter*innen direkt mit ihren Anregungen und Ideen einbringen konnten.
Digitalisierung mitbestimmungs- und beteiligungsorientiert gestalten: Ein mitbestimmungs- und beteiligungsorientiertes Projektmanagement ermöglicht es, sowohl das Gestaltungswissen des Personalmanagements als auch das der Interessenvertretung bei der Planung und Umsetzung von Digitalisierungsvorhaben zu nutzen. Die Gestaltung der digitalisierten Verwaltung ist auch für viele Personalräte noch ein neues Handlungsfeld, die Prozessbegleitung von FührDiV unterstützte die Interessenvertretung bei der Aneignung von Digitalisierungswissen und digitalen Kompetenzen sowie bei der Entwicklung von Positionen. Für das Personalmanagement bot FührDiV eine Gelegenheit, den Austausch mit der Interessenvertretung zu intensivieren und zusätzliche Kommunikationskanäle zur Mitarbeiterschaft zu schaffen.

7) Handlungsempfehlungen

Die Handlungsempfehlungen der vorliegenden Evaluation richten sich an a) die Verantwortlichen für Personal und Organisation in der öffentlichen Verwaltung, b) die Akteure der Politik sowie c) die Akteure der Interessenvertretung.

a) ***Ansatzpunkte für die Personal- und Organisationsentwicklung***

- Handlungsfeld Personal: Stärkung der Eigenverantwortung und der digitalen Kompetenzentwicklung *aller* Beschäftigten, um De-Professionalisierungstendenzen möglichst zu vermeiden, flexible Arbeitsformen so ausgestalten, dass sie zwar auf die Wünsche der Beschäftigten eingehen, jedoch auch Schutz vor der Entgrenzung zwischen Arbeit und Freizeit bieten.
- Handlungsfeld Führung: An die Stelle von Vorgaben und Kontrolle sollte ein wert- und dialogorientierter Führungsstil treten, Förderung der Bereitschaft zur Veränderung der Führungshaltung.
- Handlungsfeld Kommunikation: Kommunikation so ausrichten, dass Selbststeuerung und Selbstorganisation der Beschäftigten gefördert werden, Experimentierräume für reale Begegnungen und kreatives Arbeiten schaffen.
- Handlungsfeld Organisation: Motor für die Gestaltung der digitalen Transformation ist die Verankerung eines kollektiven „agilen Mindsets". Dies kann mit Instrumenten des normativen Managements wie Leitlinien und Dienstvereinbarungen, aber auch mit Strukturelementen zur Verbindung der agilen Arbeitswelt und der klassischen Hierarchie (z. B. dem dualen Betriebssystem) gelingen.

b) ***Ansatzpunkte für die Politikgestaltung***

- Anreize für Digitalisierung in der öffentlichen Verwaltung schaffen, z. B. durch eine intensivierte und auf die Besonderheiten der öffentlichen Verwaltung ausgerichtete Projektförderung im Rahmen der INQA Initiative
- Anpassung der Laufbahnsysteme der öffentlichen Verwaltung an die digitalisierte Arbeitswelt durch eine verbessere vertikale und horizontale Durchlässigkeit
- Digitalisierungsrelevante Aspekte in Ausbildungsinhalte integrieren (neue Lehrinhalte (Digitalkompetenz), neue Lehr- und Lernmethoden, digitalkompetentes Lehrpersonal)

c) ***Ansatzpunkte für die Interessenvertretung***

- Digitalisierungsvorhaben vonseiten der Mitbestimmung aktiv mitgestalten, u. a. durch Dienstvereinbarungen, kollaborative Formate auf Projektbasis und digitalen Kompetenzerwerb für Personalräte
- Förderung digitaler Kompetenzen durch lebenslanges Lernen (Digitalisierungsbedingte Qualifizierungsbedarfe erheben, tarifliche Möglichkeiten zum lebenslangen Lernen nutzen)
- Digitalisierung der öffentlichen Verwaltung auf tariflicher Ebene gestalten und gemeinsame Standards guter digitaler Arbeit entwickeln

3. Digitalisierung als Strategie der Verwaltungsmodernisierung

3.1 Definition Digitalisierung

Digitalisierung heißt zunächst, dass die Welt – belebte und nicht-belebte Objekte – in digitalen Formaten (in ‚Nullen und Einsen') abgebildet wird bzw. dass vorhandene analoge Werte (z. B. die papierne Akte) in digitale Formate umgewandelt werden (Lenk, 2016, S. 228). Die technologische Entwicklung der vergangenen Jahre hat nicht nur dazu beigetragen, die Möglichkeiten der Abbildung zu vervielfachen und zu beschleunigen. Der transformative Charakter von Digitalisierung ergibt sich vielmehr dadurch, dass die Digitalisierung auch neue Formen der Berechenbarkeit (Big Data und KI), der Interaktivität sowie der Konnektivität und Vernetzung ermöglicht.

In der öffentlichen Verwaltung können durch Digitalisierung alle Sequenzen des Verwaltungshandelns – von der Vorbereitung kollektiv verbindlicher Entscheidungen bis hin zu ihrer Implementation – verändert werden. Informationen werden digital gesammelt und gespeichert, bei der internen Kommunikation treten E-Mail, Messenger-Dienste und andere digitale Formate neben das persönliche Gespräch und den schriftlichen, papiergebundenen Dienstweg, für den Austausch mit Bürger*innen werden zudem digitale Portale eingerichtet. Auch für die Interaktion mit der Politik, mit anderen Behörden und privaten Organisationen werden digitale Formate genutzt; die Erbringung von öffentlichen Leistungen verläuft schließlich mit Hilfe von künstlicher Intelligenz und Big Data mehr und mehr automatisiert und autonomisiert.

Welche Effekte von dieser Umwandlung analoger Werte in digitale Formate auf die Responsivität, Effizienz und Effektivität der öffentlichen Verwaltung ausgehen, hängt nicht – bzw. allenfalls nur bedingt – vom technologischen Wandel ab. Entscheidender ist vielmehr, in welchen personalen und organisatorischen Strukturen und Prozessen die digitalen Technologien eingebettet sind. Verfügen Beschäftigte über die Kompetenzen und Fähigkeiten, mit neuen Technologien umzugehen? Mit welcher Haltung (*mindset*) begegnen sie der zunehmend digitalen Arbeitswelt? Verstehen es Führungskräfte, virtuellen Teams gemeinsame Werte zu vermitteln und ein gemeinsam geteiltes Arbeitsverständnis herzustellen? Befördern die Organisationsstrukturen und -prozesse horizontale Kooperation und iterative Entscheidungsverfahren?

Die Zusammenschau von Technologie, Personal und Organisation ermöglicht es, verschiedene Idealtypen der Digitalisierung von Staat und öffentlicher Verwaltung zu unterscheiden. Der Begriff des Idealtypus stammt aus der qualitativen Sozialforschung und wurde insbesondere von Max Weber geprägt (Albert, 2020, S. 84 ff.). Ein Idealtypus wird durch einseitige Steigerung eines oder mehrerer Aspekte und durch Zusammenschluss einer Fülle von diffusen und diskreten Einzelerscheinungen gewonnen, die sich zu einem in sich einheitlichen Gedankengebilde zusammenfügen. Für Max Weber war der Idealtypus vor allem ein Arbeitsinstrument, um die empirische Realität (‚Realtypus') im Abgleich mit dem idealtypischen Modell zu beschreiben und so verschiedene Fälle zu vergleichen. Reale Fälle entsprechen selten vollständig einem Idealtypus, sondern gleichen hybriden Mischformen. Ob ein bzw. welcher Idealtypus als gesellschaftliches oder organisationales Leitbild fungiert, ist eine normative Frage, die durch das Konzept selbst nicht geklärt wird.

In Bezug auf die digitale Verwaltung kann der Idealtypus einer schwach digitalisierten öffentlichen Verwaltung von dem einer stark digitalisierten Verwaltung unterschieden werden (Klenk et al., 2020). Hybride Zwischenformen können auf einem Kontinuum zwischen diesen beiden Idealtypen gedacht werden. Das Modell ist hilfreich, um die von uns untersuchten Pilotverwaltungen empirisch zu verorten, ohne dass damit eine Bewertung im Hinblick auf ihre Leistungsfähigkeit vorgenommen wird. Vom Idealtypus einer schwach digitalisierten Verwaltung kann dann gesprochen werden, wenn in der öffentlichen Verwaltung digitale Technologien eingeführt werden, *ohne* dass sich die Strukturen und Prozesse der öffentlichen Verwaltung sowie das *mindset* ihrer Beschäftigten nachhaltig verändern. Für die interne Kommunikation wird E-Mail genutzt, aktenrelevante Schriftstücke wie Bescheide, Gutachten und Briefwechsel werden elektronisch abgespeichert – aber parallel dazu werden die E-Mail, der Bescheid und das Gutachten ausgedruckt und in der papiernen Akte abgeheftet.

Bürger*innen können zwar Formulare online abrufen, sich im Internet auch über die Öffnungszeiten und Ansprechpartner*innen informieren und Termine vereinbaren, können ihr Anliegen jedoch nicht vollständig digital und medienbruchfrei erledigen, sondern sie müssen ab einem bestimmten Punkt auf den persönlich unterschriebenen Brief zurückgreifen oder die Behörde persönlich aufsuchen. Digitalisierung ist in dieser Variante nicht mehr als ein ‚add on': ein Zusatzprogramm, ein Erweiterungspaket, das die bestehenden Strukturen und Prozesse ergänzt, sie jedoch nicht infrage stellt oder gar ersetzt. Anders hingegen ist es im Idealtypus in einer grundlegend digitalisierten Verwaltung, die agil und vernetzt organisiert ist, in der virtuelle Teams arbeiten, die beim Austausch mit Politik, Bürger*innen und anderen Verwaltungen den digitalen Weg präferiert (*digital first*) und von Bürger*innen nur einmal die Daten verlangt (*once only*).

Abb. 1: Personal & Organisation in der digitalen Verwaltung – Idealtypen im Kontrast

	Schwach digitalisierte öffentliche Verwaltung	Stark digitalisierte öffentliche Verwaltung
Personal	• Nur wenige Personen mit digitalen Kompetenzen und digitalem Mindset • Klassisch analoge Personalentwicklungs- und Trainingsmaßnahmen • Digitalisierung ist für Beschäftigte z. T. mit Ängsten und Sorgen verbunden.	• Digitale Kompetenzen der Beschäftigten sind gut entwickelt. • Beschäftigte haben ein digitales Mindset (Offenheit für Partizipation, Kooperation, Kollaboration). • Weiterentwicklung von digitalen Kompetenzen und digitalem Mindset wird durch Personalentwicklungs- und Trainingsmaßnahmen unterstützt.
Kommunikation	• Vertikale Kommunikation • Einfache digitale Technologien (z. B. E-Mail) • Dominante Kommunikationsformen: papiergebundener schriftlicher & ‚face-to-face' mündlicher Austausch • Mit der Umwelt (Bürger*innen/ Unternehmen) ○ Nur one-way communication ○ Keine vollständig digitale Abwicklung von Anliegen möglich	• Vertikale *und* horizontale Kommunikation • Intensive Nutzung von I&K-Technologien (Intranet, Blogs, Chats, Wiki, Messenger, Social Media, Mitarbeiter*innen-Apps) • Mit der Umwelt (Bürger*innen, Unternehmen) • Two-way-communication ○ Digital first & once only ○ Automatisierte & autonomisierte Durchführung von Anliegen
Führung	Transaktionale Führung • (Virtuelle) Teams werden mit Führungsmitteln der analogen Welt gesteuert (z. B. klare Vorgaben für Arbeitszeiten)	Transformationale Führung • Führung über Werte • Führungskraft als Brückenbauer*in, Beziehungsmanager*in & Change Agent

	Schwach digitalisierte öffentliche Verwaltung	Stark digitalisierte öffentliche Verwaltung
Organisation	• Digitalisierung als add on ○ Digitale Prozesse treten *neben* tradierte Verfahren. ○ Kein grundlegender Wandel der Abläufe (E-Mails werden ausgedruckt und abgeheftet)	• Agile Organisation ○ Trennung von fachlicher und personaler Verantwortung ○ Selbstorganisation im Team ○ wechselnde Aufgaben- und Zuständigkeitsbereiche ○ Iterative & inkrementelle Vorgehensweise
Innovation und Organisationslernen bezogen auf Digitalisierung	• Punktuelles Lernen • Reaktives Lernen • Nur wenig Investitionen in digitale Tools und Technologien • Digitale Innovationen werden nicht systematisch gefördert.	• Proaktives Aufgreifen von Veränderungen • Kontinuierliches Lernen • Investitionen in digitale Tools und Technologien • Innovationen haben einen hohen Stellenwert im Führungsleitbild.

In der breiten, öffentlichen Debatte wird Digitalisierung oftmals als eine Disruption beschrieben, die mit bestehenden Prozessen, Strukturen und Produkten bricht und diese durch neue ersetzt. Das Bild der disruptiven Innovation weckt allerdings falsche Assoziationen. Der internationale Vergleich zum Stand der Digitalisierung der öffentlichen Verwaltung wie auch der sektorale Vergleich zwischen öffentlichem und privatem Sektor lehrt, dass die Implementation digitaler Technologien in Organisationen *kein sich selbstvollziehender* Prozess ist. Auf den Digitalisierungsindizes liegt Deutschland regelmäßig auf den unteren Rängen, insbesondere, wenn der Blick auf die öffentliche Verwaltung gerichtet wird. Auch dort, wo in Bund, Ländern und Kommunen Digitalisierungsvorhaben auf den Weg gebracht wurden, zeigt eine Bestandsaufnahme (vgl. Klenk et al., 2020), dass bislang viele Digitalisierungsreformen eher als basale Digitalisierung zu klassifizieren sind: Digitale Technologien wurden *ohne* grundlegenden organisationalen und personalen Wandel eingeführt.

Digitalisierung muss – und kann! – also gestaltet werden. Neben der Politik, die die übergeordneten Rahmenbedingungen für die Digitalisierung der öffentlichen Verwaltung setzt, sind Führung, Personal- und Organisationsentwicklung in der öffentlichen Verwaltung hierfür die zentralen Stellschrauben.

3.2 Herausforderungen für Digitalisierung in der Verwaltung

Personal: Ist Digitalisierung eine Chance oder eine Bedrohung?

Die öffentliche Debatte über Arbeit 4.0 wird von ganz unterschiedlichen Assoziationen geprägt: Während die einen vor allem die Chancen der Digitalisierung sehen und auf größere Freiheitsgrade aufgrund zeitlicher und räumlicher Flexibilität, Kommunikation auf Augenhöhe in netzwerkartigen Teamstrukturen und höherwertige Arbeitsinhalte verweisen, weil monotone Tätigkeiten mehr und mehr automatisiert und autonomisiert werden können, beschreiben andere die Arbeitswelt 4.0 als Dystopie. In den zukunftspessimistischen Szenarien ist die Arbeitswelt 4.0 von Entgrenzung, Qualifikationsverlusten und Arbeitsverdichtung geprägt, z. B. aufgrund der steigenden E-Mail-Zahlen und der damit verbundenen Erwartung an schnelle Reaktionszeiten. Der Endpunkt des pessimistischen Szenarios ist eine Gesellschaft, der die Arbeit ausgeht und in der Mitarbeiter*innen durch KI-gesteuerte Maschinen substituiert werden.

Diese beiden Szenarien der Technikentwicklung sind nicht neu. In der Arbeits- und Organisationsforschung findet sich mit Braverman (1975) ein früher Vertreter des zukunftspessimistischen Szenarios, wohingegen in Bells Arbeiten zur Information Society (1973) vor allem die positiven Aspekte der Technikentwicklung zum Ausdruck kommen. Mit der Digitalisierung und dem stark beschleunigten technischen Wandel der Arbeitswelt hat die Diskussion über die Technisierung der Arbeitswelt jedoch eine neue Intensität gewonnen. Die widersprüchlichen Zukunftsszenarien polarisieren und rufen bei vielen Verunsicherung hervor.

Empirische Studien zur digitalen Transformation der öffentlichen Verwaltung in anderen Ländern zeigen, dass Digitalisierung ein sehr komplexer Prozess ist, der sich einfachen Bewertungsmustern entzieht. Digitalisierung kann sehr unterschiedliche Effekte auf die Arbeitsbedingungen von Beschäftigten haben (vgl. Giritli Nygren et al., 2013). Beschäftigungsbedingungen können verbessert werden, indem digitale Technologien beispielsweise dabei helfen, die klassischen Vereinbarkeitsprobleme der analogen Welt besser zu lösen und die Flexibilität der Beschäftigten in Bezug auf Arbeitszeit und Arbeitsort zu erhöhen. Gleichzeitig werden aber auch negative Effekte konstatiert. So erleben insbesondere die Beschäftigten im sozialen Dienstleistungsbereich die Digitalisierung als De-Professionalisierung: Fallmanagement-Software schränkt, so die Wahrnehmung vieler Beschäftigten in der Sozialadministration (vgl. Buffat, 2015; Munro, 2004), individuelle Handlungsspielräume bei der Interaktion mit Klient*innen und Kund*innen ein. Sie führt zu einer stärkeren Kontrolle der Arbeitsleistungen des Einzelnen und zu einem Verlust an persönlichem Austausch, auch mit dem eigenen Team.

Wie Beschäftigte Digitalisierung erleben und bewerten, hängt zudem auch von ihren Kompetenzen und Persönlichkeitsmerkmalen ab. Die Fähigkeit, in der digitalisierten Arbeitswelt gut zurechtzukommen, umfasst nicht nur technische Kompetenzen (wie den sicheren Umgang mit neuen Technologien), sondern auch soziale Kompetenzen (wie die Fähigkeit zur Zusammenarbeit und zur Selbststeuerung) sowie Persönlichkeitsmerkmale (z. B. Veränderungsbereitschaft, Lösungsorientierung, Offenheit). Wie stark die Digitalkompetenzen von Mitarbeiter*innen sind, ist auch – aber nicht nur! – eine Frage des Alters: *digital natives* – Personen, die seit ihrer Geburt mit neuen Technologien konfrontiert sind – nutzen Apps und elektronische Plattformen möglicherweise intuitiver als *digital immigrants*, Personen also, die erst im Laufe ihres Lebens den Umgang mit digitalen Technologien erlernt haben. *Digital natives* verfügen aber nicht quasi selbstverständlich über die in der digitalen Arbeitswelt notwendigen sozialen Kompetenzen. So gibt es keine Belege dafür, dass sie digitale Formate kritischer oder reflektierter nutzen als ihre älteren Kolleg*innen. Auch bei den Bedenkenträger*innen zeigt sich in der Regel kein Altersunterschied: Es gibt sowohl junge als auch ältere Beschäftigte, die die Digitalisierung als Belastung und Bedrohung empfinden (Böhm et al., 2019, S. 11).

Die Wahrnehmung von Digitalisierung ist schließlich auch stark vom Substituierbarkeitspotenzial der eigenen Tätigkeit beeinflusst. Das Substituierbarkeitspotenzial beschreibt, in welchem Ausmaß Berufe gegenwärtig potenziell durch den Einsatz von Computern oder computergesteuerten Maschinen ersetzbar sind (Dengler & Matthes, 2018, S. 2). Das Substituierbarkeitspotenzial ist besonders hoch in den Helfer- und den Fachkraftberufen. Aber auch Spezialist*innen, Expert*innen und Generalist*innen im Führungsbereich müssen sich damit auseinandersetzen, dass Teile ihrer Tätigkeiten zukünftig automatisiert und/oder autonomisiert von neuen Technologien übernommen werden. Konkret: Der digitale Wandel betrifft alle Hierarchie-Ebenen, auch das Tätigkeitsprofil von Führungskräften wird sich verändern. Daraus folgt, dass Personen, die dem digitalen Wandel besorgt, ängstlich, skeptisch oder gar mit offener Ablehnung gegenüberstehen, auf allen Hierarchie-Ebenen anzutreffen sind, auch auf Ebene der Führungskräfte, die eigentlich den digitalen Wandel initiieren und implementieren sollen.

Welche Effekte Digitalisierung auf die Arbeitsbedingungen hat, hängt zudem stark von der Implementationsstrategie ab. Untersuchungen in schwedischen Kommunalverwaltungen zeigen, dass unterschiedliche Kommunen für die Einführung der *gleichen* IuK-Technologie ganz *unterschiedliche* Lösungen entwickelt haben. Die Frage, wie Tätigkeitsprofile sich verändern, wie monoton bzw. abwechslungsreich Tätigkeiten gestaltet werden, wie intensiv Arbeitsprozesse kontrolliert werden und welche Möglichkeiten zur Individualisierung von Standard-Software zugelassen wurden, wurde jeweils sehr unterschiedlich beantwortet. Im Ergebnis hatte die Digitalisierung sowohl ‚*monotized administrators*' hervorgebracht, Verwaltungsmitarbeiter*innen, die nur noch standardisierte Routinetätigkeiten bearbeiten, als auch ‚*personalized bureaucrats*', Verwaltungsmitarbeiter*innen, die für die Bürger*innen passgenaue Dienstleistungen erbringen und hierfür größere Entscheidungsspielräume erhalten (Giritli Nygren et al., 2013, S. 460). Digitalisierung kann Beschäftigte ermächtigen, in dem sie mehr Gestaltungsspielräume und Ressourcen erhalten (*digitalization as enablement*, Buffat, 2015, S. 154); Digitalisierung kann aber eben auch restringierend wirken und Beschäftigte in ihrer Entscheidungs- und Handlungsautonomie einschränken (*digitalization as curtailment*, Buffat, 2015, S. 151). Mehr noch: Typischerweise lässt sich in einer Organisation beides finden, Digitalisierungsgewinner*innen und Digitalisierungsverlierer*innen. Zum Teil gilt auch für den einzelnen Beschäftigten, dass die Digitalisierung sowohl positive als auch negative Effekte hat.

Dieser Befund ist *nicht* widersprüchlich. Er zeigt vielmehr, dass Digitalisierung von den Führungskräften behutsam gestaltet werden sollte. Eine Softwarelösung, die individuelle Einstellungen zulässt, wird von den Nutzer*innen eher akzeptiert als fest vorgegebene Funktionen.

Führungsstile in der digitalen Verwaltung

Eine wesentliche Rolle bei der digitalen Transformation der öffentlichen Verwaltung spielen die Führungskräfte. Ihre Aufgabe ist es, Veränderungsprozesse zu initiieren und die Etablierung digital-affiner Organisations- und Personalstrukturen zu unterstützen. Die Herausforderungen, vor denen Führungskräfte stehen, sind dabei nicht zu unterschätzen. Sie müssen nicht nur selbst den Umgang mit den neuen Technologien erlernen und souverän beherrschen. Führungskräfte müssen als Gestalter*innen des organisationalen Wandels, als sogenannte *change agents* einen Wandel gestalten, der auch grundlegende Veränderungen ihrer eigenen Aufgaben und Rollen mit sich bringt.

Für Führung in digitalen Arbeitskontexten gibt es eine Reihe unterschiedlicher Begriffe wie *e-leadership* (Avolio et al., 2000) oder Digital Leadership (Petry, 2016) agile Führung, *network leadership*, *virtual leadership* oder aber die transformationale Führung (Misgeld, 2020). Das empirische Wissen über Führung in digitalisierten Organisationen ist – insbesondere was Führung in der digitalen Verwaltung betrifft – immer noch begrenzt. Das Gros der Literatur besteht aus Praktiker-Berichten, die zum Teil stark normativ aufgeladen sind, sodass wir für die theoretische Fundierung nur auf wenige empirische Studien zurückgreifen konnten.

In der Literatur besteht jedoch eine große Übereinstimmung dahingehend, dass in digitalisierten Arbeitskontexten spezifische Formen der Führung erforderlich sind und über Führungsinstrumente, Führungsaufgaben und Führungsrollen neu nachgedacht werden muss. In digitalen Arbeitskontexten findet der direkte Austausch zwischen Führungskraft und Mitarbeiter*innen deutlich seltener statt. Ein klassischer hierarchischer Führungsstil ist in digitalisierten Arbeitskontexten nicht nur dysfunktional, sondern auch gar nicht mehr durchsetzbar. Hierarchische Steuerung basiert auf der Annahme, dass höhere Hierarchieebenen über mehr Wissen und Informationen verfügen als untergeordnete Einheiten. Im Modell der hierarchischen Steuerung besteht eine wesentliche Aufgabe von Führungskräften darin, Wissen und Informationen gezielt und geregelt an andere zu verteilen. Ganz unabhängig von der Frage, wie stabil das Informationsmonopol von Führungskräften in der analogen Welt wirklich war, in der digitalisierten Verwaltung 4.0 lässt sich auch die *Annahme* eines Informationsmonopols nicht mehr aufrechterhalten.

Digitalisierung hat den Zugang von Mitarbeiter*innen zu Informationen vereinfacht. Informationen können zudem deutlich schneller weitergeben werden, auch über Hierarchie-Ebenen und Bereiche hinweg. Es kann simultan interagiert und multilateral kommuniziert werden – d.h. Materialien (z. B. Akten) können von mehreren Mitarbeiter*innen an unterschiedlichen Orten gleichzeitig gesehen und bearbeitet werden, ein Teammitglied kann zudem gleichzeitig an verschiedenen Themen arbeiten. Das orts- und zeitverteilte Arbeiten hat außerdem zur Folge, dass Mitarbeiter*innen immer häufiger inhaltliche Entscheidungen treffen müssen, die klassischerweise Führungsaufgaben wären (Wald, 2014, S. 358). Führungskräften geht also nicht nur das Informationsmonopol verloren, gleichzeitig stehen sie vor dem Problem, dass fachliche und personelle Führungsverantwortung immer häufiger auseinanderfällt.

Greift man diese Entwicklungen proaktiv auf, so stellt sie sich nicht als eine Bedrohung, sondern als Chance dar, neue Führungsstile zu implementieren. Ein geeigneter Führungsstil, um diesen Herausforderungen gerecht zu werden, ist die transformationale Führung (Hill, 2016). Transformationale Führung gehört zu den non-direktiven Führungsstilen und stellt vor allem die Eigenschaften der Führungskräfte in den Mittelpunkt (Ritz, 2018, S. 7). Führungskräfte wirken durch Vorbildlichkeit: Sie leben, was sie von anderen erwarten, und überzeugen durch Ausstrahlungskraft und Charisma. Führung findet zudem vor allem durch die Vermittlung gemeinsamer

Werte und Visionen statt, weniger durch die Definition von Zielvorgaben, da – so die Annahme – in einer volatilen Welt individuell ausgehandelte Zielvereinbarungen mit längerfristigen Zielsetzungen dysfunktional sind. Transformationale Führung adressiert damit vor allem die emotionale Ebene der Mitarbeiter*innen und setzt auf intrinsische Motivation, wohingegen (materielle) Belohnungssysteme und andere Formen der extrinsischen Motivation eine geringere Rolle spielen.

Transformationale Führung kann Digitalisierungsprozesse stützen, da der Verweis auf gemeinsam geteilte Werte und Visionen von Mitarbeiter*innen in einer sich rasch verändernden Welt Orientierung geben kann. Weit mehr als in der analogen Welt müssen Führungskräfte sich als Sinnstifter, Beziehungsmanager, Coach, Begleiter und Brückenbauer betätigen, um die Beziehung zwischen sich und dem einzelnen Teammitglied zu festigen und die Beziehungen zwischen den Teammitgliedern zu stabilisieren. Aufgabe der Führungskräfte ist es zudem, Differenzen und Heterogenität in der Mitarbeiter*innenschaft wahrzunehmen, auch und gerade in Bezug auf die digitalen Kompetenzen, und auf dieser Grundlage motivierende Personalmaßnahmen zu entwickeln.

Um iterative und inkrementelle Veränderungsprozesse führen zu können, benötigen Führungskräfte zudem die Fähigkeit, zwischen tradierten und neuen Strukturen und Verfahren die Balance zu bewahren. In der Literatur wird diese Fähigkeit als ‚Beidhändigkeit' („Ambidexterity", Duwe, 2017) bezeichnet. Führungskräfte, die die Kunst der Beidhändigkeit beherrschen, können alte und neue Organisationsformen miteinander verknüpfen und Handlungsformen, die scheinbar im Widerspruch zueinanderstehen, wie z. B. die hierarchische und die agile Führung, miteinander kombinieren.

Schlussendlich ist für einen gelingenden Organisationswandel auch die Glaubwürdigkeit der Führungskräfte zentral: Führungskräfte haben eine Vorbildfunktion. Im Kontext von Digitalisierung bedeutet dies insbesondere, dass auch Führungskräfte ihre eigenen Fähigkeiten – ihre digital literacy – weiterentwickeln und in einer ‚always-on' Kultur das bewusste ‚Abschalten' nicht verlernen und auf die eigene Gesundheit achten (Hill, 2016).

Der transformationale Führungsstil wird aufgrund seiner starken Betonung von Werten und intrinsischer Motivation als ein für den öffentlichen Sektor passender Führungsstil betrachtet, spielen doch für die Arbeitsmotivation von Beschäftigten des öffentlichen Dienstes Werte wie Gemeinwohlorientierung, Transparenz und Fairness eine wichtige Rolle. Allerdings wird auch konstatiert, dass die starke Regelorientierung des öffentlichen Sektors die Entwicklung charismatischer Führungspersönlichkeiten und emotionale Steuerung eher erschwert (Moynihan, et al., 2014, S. 88).

Technikgestützte Kommunikation in der digitalen Verwaltung

Führung, d.h. die zielbezogene Beeinflussung der Einstellungen, der Emotionen, des Denkens und Verhaltens von Unterstellten durch Vorgesetzte, vollzieht sich in aller Regel durch Kommunikation (Rosenstiel et al., 2014, S. 4). Konkret bedeutet dies, dass Führungskräfte durch Kommunikation Ziele verdeutlichen, Aufgaben koordinieren, Mitarbeiter*innen motivieren, Vertrauen im Team schaffen und Ergebnisse kontrollieren. Mit welchen Mitteln und in welcher Form kommuniziert wird, ist dabei ganz entscheidend für den Führungserfolg. In der analogen Welt wird Führung zumeist im direkten, persönlichen Austausch zwischen Führungskraft und Mitarbeiter*innen praktiziert. In digitalen Arbeitskontexten wird mittels E-Mails, Messenger-Diensten, Intranet, Chats, Bots, Foren, digitalen Kollaborationsplattformen (wie z. B. Sharepoint) etc. kommuniziert, Meetings und Konferenzen werden mit Einsatz von Videotelefonie (z. B. MS Teams, zoom, Skype Business) organisiert.

In der digitalisierten Arbeitswelt arbeiten Teams zu unterschiedlichen Zeiten an unterschiedlichen Orten, sodass Face-to-Face-Gespräche mit einzelnen Mitarbeiter*innen- bzw. dem ganzen Team gar nicht oder nur in größeren zeitlichen Abständen möglich sind. An sich stellt Arbeit in geographisch und zeitlich verteilten Strukturen keine grundlegende Neuerung für die öffentliche Verwaltung dar. Klientenaufsuchende Arbeit (zum Beispiel bei Inspektionen oder im Bereich der Jugend- und Familienhilfe) fand immer schon außerhalb der eigentlichen Organisation statt; auch die Erfüllung von klassischen Schreibtischaufgaben im Rahmen von Telearbeit kann (wenn auch nicht immer erwünscht) in der öffentlichen Verwaltung als weitgehend etabliert gelten. Durch die Digitalisierung haben sich jedoch die Möglichkeiten, Arbeit örtlich und zeitlich zu verteilen, vereinfacht und dadurch vervielfacht.

Digitalisierung vergrößert potenziell die Distanz zwischen Führungskraft und Mitarbeiter*innen. Zudem können bei der IuK-gestützten Kommunikation viele für den Kommunikationserfolg wichtige persönliche Informationen wie Mimik, Gestik und Tempo, Rhythmus und Intonation des Gesagten nicht mehr oder nur eingeschränkt vermittelt werden. Wenn Teams zeit- und ortsunabhängig arbeiten, entfallen auch die alltäglichen ‚ungeplanten' Treffen – das kurze Treffen auf dem Flur, das zufällige Zusammentreffen in der Kaffeeküche oder die schnelle Klärung eines Arbeitsauftrags mit den Kolleg*innen – Interaktionen, die für die Entwicklung eines Zusammengehörigkeitsgefühls und die Herstellung eines gemeinsamen Arbeitsverständnisses zentral sind. Für Führungskräfte stellt sich die Herausforderung, wie sie über die Distanz Ziele und Arbeitsaufträge formulieren, Bedürfnisse von Mitarbeiter*innen erkennen, den Zusammenhalt zwischen den Teammitgliedern fördern, Arbeitsfortschritte beobachten und den Stand der Zielerreichung kontrollieren können.

In der Diskussion um *e-leadership* werden Social Media als ein Führungsinstrument gesehen, das mit dazu beitragen kann, die Distanz in virtuellen Teams zu überbrücken und Authentizität, Alltäglichkeit und ‚small talk'-ähnliche Kommunikationssituationen zu schaffen (Leonardi et al., 2013; Schulz, 2019). Social Media können fehlende persönliche Bezugspunkte nicht ersetzen – ohne sie ist die Führung von virtuellen Teams jedoch keinesfalls denkbar. Social Media dienen dabei nicht nur dem Informationsaustausch. Die Einsatzmöglichkeiten sind viel breiter: Sie bieten den technischen Rahmen, um Ideen gemeinsam zu generieren, Mitarbeiter*innen zu vernetzen, Zusammenarbeit zu ermöglichen, die Entscheidungsvorbereitung und Entscheidungsfindung partizipativ zu gestalten, Mitarbeiter*innen zu aktivieren und sie zu ermuntern, sich über Bewertungs- und Kommentierungsfunktionen an Diskussionen zu beteiligen und damit Verantwortung zu übernehmen.

Die Handlungsempfehlungen, die in der Literatur zur Nutzung von digitalen Informations- und Kommunikationsmedien für Führungszwecke gegeben werden, orientieren sich mehrheitlich am Media-Richness-Modell von Daft & Lengel (1986), das empfiehlt, für komplexe und komplizierte Inhalte Medien zu nutzen, die ‚reichhaltig' Informationen vermitteln können. Komplexe Aufgabeninhalte oder differenzierte Rückmeldungen zu Arbeitsergebnissen, die Lob und Kritik beinhalten, sollten also nicht (ausschließlich) per E-Mail an die Mitarbeiter*innen übermittelt werden. Stattdessen ist Medien den Vorzug zu geben, die auch akustische und visuelle Eindrücke mittransportieren können, wie z. B. Videokonferenzen (Wald, 2014, S. 363).

Organisation: Agile und *hierarchische Organisation*

Veränderte Führungsstile haben auch Konsequenzen für die Gestaltung der Organisationsstrukturen. Transformationale Führung ist eng mit dem Konzept der agilen Organisation verbunden. Agile Organisationskonzepte machen die Trennung zwischen personeller und fachlicher Verantwortung zum bewusst gewählten Gestaltungsprinzip. Führung wird nicht von einer spezifischen Person wahrgenommen, sondern vom gesamten Team. Nicht nur Arbeit kann geteilt werden, sondern auch Führung – so die Prämisse des Agilitäts-Konzepts. Obgleich zentrale Führungsaufgaben, etwa die Beschreibung von Arbeitsaufgaben, an das Team delegiert werden, wird Führung nicht obsolet. Sie verändert allerdings ihren Charakter: Anstelle der für die öffentliche Verwaltung charakteristischen hierarchischen Vorgaben besteht Führung in der agilen Organisation im Wesentlichen darin, die Rahmenbedingungen für die Selbstorganisation zu schaffen (Bartonitz et al., 2018, S. 9).

Um agil – beweglich, wendig, reaktionsfähig und reaktionsschnell – zu bleiben, wird auf feste Strukturen (wie z. B. Abteilungen, Hierarchien) verzichtet. Anders als im klassischen Projektmanagement, in dem Ziele und Termine im Rahmen von Projektplänen vorab klar definiert und linear abgearbeitet werden, entwickeln die Teams ihre Produkte und Dienstleistungen vollkommen selbst gesteuert in einer experimentellen und iterativen Arbeitsweise unter enger Mitwirkung ihrer Kund*innen oder Anwender*innen. Das Team verteilt Arbeitsaufgaben und Rollen im Team je nach Aufgabenstruktur und Rahmenbedingungen immer wieder neu und praktiziert damit gewissermaßen einen situativen Führungsstil. Innerhalb der klassischen Organisationstheorie lässt sich Agilität daher auch in den Strang der kontingenztheoretischen Ansätze einordnen, die sich mit Flexibilisierung und Anpassungsfähigkeit von Organisationen an ihre Umwelt beschäftigen (Klaffke, 2019).

Teams werden bewusst interdisziplinär und jenseits der klassischen Zuständigkeitsgebiete zusammengesetzt, um innovative Lösungen zu entwickeln. Zur Unterstützung kollaborativer Arbeitsformen werden Management-Methoden, die ursprünglich aus der Software Entwicklung stammen, wie Scrum, Design-Thinking und Kanban, eingeführt. Die Projektarbeit wird vom Team nach vorher festgelegten Regeln in kleinteilige Arbeitspakete zerlegt und von Teammitgliedern eigenverantwortlich bearbeitet. Bei der räumlichen Gestaltung ist auf kollaborationsförderliche Strukturen zu achten, die Raum für persönlichen Austausch und Teamarbeit schaffen. Agile Organisationskonzepte schränken also die räumliche und zeitliche Flexibilität, die durch Digitalisierung theoretisch möglich geworden ist, wieder ein Stück weit ein.

Zu den charakteristischen Merkmalen von agilen Organisationen gehören experimentelles Denken in zukunftsorientierten Szenarien, auf Schnelligkeit ausgelegte Strukturen und Prozesse, flache Hierarchien und eine lose gekoppelte Netzwerkstruktur von autonom agierenden Projektteams (Klaffke, 2019, S. 1). Diese stellen für die klassische Webersche Bürokratie, die durch kleinteilige und feste Arbeitsteilung, klare Amtshierarchie, eindeutige Zuordnungen für die Dienst- und Fachaufsicht sowie Aktenmäßigkeit gekennzeichnet ist, eine große Herausforderung dar. Dies gilt für Beschäftigte und Führungskräfte gleichermaßen.

In der digitalen Verwaltung geht es nicht darum, die agile Organisation gegen die hierarchische Organisation auszuspielen. Die agile Organisation ist nicht grundsätzlich ‚besser'; agile und hierarchische Organisation haben je unterschiedliche Stärken und eignen sich für je unterschiedliche Aufgabentypen. In der digitalen Verwaltung kann die hierarchische Organisation nicht durch die agile Organisation ersetzt, sehr wohl aber durch sie ergänzt werden, wenn es etwa um die Durchführung von kreativen Planungsprozessen oder die Entwicklung von Verwaltungsinnovationen geht.

3.3 Change-Management – den Wandel zur digital-affinen Organisation initiieren und begleiten

Bevor Führungsaufgaben ins agile Team, das sich mit Social Media selbst organisiert, delegiert werden können, muss eine solche digital-affine Personal- und Organisationsstruktur erst einmal hergestellt werden. Auch dies – die aktive Gestaltung des digitalen Transformationsprozesses – ist Aufgabe der Führungskräfte.

Wandel bedeutet Veränderung, was von vielen Akteuren – von Führungskräften ebenso wie von Mitarbeiter*innen – als ein Verlust von Sicherheit und Stabilität erlebt wird (Schridde, 2019, S. 4). Alte und erprobte Handlungs- und Denkmuster werden entwertet, gleichzeitig ist das Neue oftmals sehr unkonkret und vage, gerade in den für die digitale Transformation typischen iterativen und inkrementellen Veränderungsprozessen. Von den Beteiligten werden neue Verfahren und Abläufe zunächst oftmals abgelehnt, ganz unabhängig davon, ob sie Arbeitsbedingungen verbessern oder nicht und ob sie bestehende Probleme lösen oder nicht.

Das Festhalten an gewohnten und etablierten Organisationsweisen kann dabei sowohl durch fehlende Anpassungsbereitschaft (Nicht-Wollen) als auch fehlendes Anpassungsvermögen (Nicht-Können) bedingt sein (vgl. Vahs, 2015, S. 326). Die Ablehnung von Veränderung kann sich unterschiedlich manifestieren: aktiv oder passiv, offen oder verdeckt. Kleine Gruppierungen, die die Sinnhaftigkeit der Veränderungsmaßnahmen ostentativ und lautstark infrage stellen, sind für *change agents* eine ebenso große Herausforderung wie ‚leise' Widerstandsformen, wie z. B. erhöhte Krankheitsraten, Dienst nach Vorschrift oder die innere Kündigung.

Die Kritik an bzw. die Ablehnung von Veränderungen lässt sich in allen Organisationstypen finden. In der öffentlichen Verwaltung sind die kulturellen Barrieren gegenüber Wandel jedoch meist noch ausgeprägter als in anderen Organisationsfeldern. Bei privaten Unternehmen schafft der Wettbewerb um Kund*innen, um Mitarbeiter*innen und Ressourcen Anreize, die jeweils fortschrittlichsten Technologien, Produktionsverfahren und Organisationsweisen zu nutzen und fördert innovative Umstrukturierungen in allen Bereichen und Phasen der Güter- und Dienstleistungsbereitstellung (Nullmeier, 2011). Bei der öffentlichen Verwaltung fehlt oftmals der ‚Innovationsfunke des Wettbewerbs' (Brüggemeier, 2017, S. 61), was sich auf die Fähigkeit zur Innovation auswirkt (Lemke, 2013).

Es gibt weitere funktionale Unterschiede zwischen der Privatwirtschaft und der öffentlichen Verwaltung, die Auswirkungen auf die Innovationsfähigkeit haben. So definiert die öffentliche Verwaltung ihre Aufgaben nicht selbst, sondern setzt Ziele, Vorgaben und Erwartungen der Politik um. Ihre Ziele sind zudem meist deutlich komplexer und weniger eindeutig operationalisierbar als die der Privatwirtschaft. Weiterhin wird die öffentliche Verwaltung nur selten aus eigener Initiative aktiv. Aktivitäten erfolgen vielmehr anlassbezogen, auf Anweisung der Politik oder weil Bürger*innen beispielsweise Anfragen haben oder Anträge auf Leistungen stellen (Müller et al., 2011, S. 212).

Schlussendlich hat die öffentliche Verwaltung in den vergangenen beiden Dekaden eine Vielzahl von Reformversuchen durchlaufen, deren Ergebnisse nicht immer überzeugend waren bzw. die für Beschäftigte häufig mit einer Verschlechterung der Arbeitsbedingungen einhergingen. Diese intensive Phase der Modernisierung hat zu einer Reformmüdigkeit aufseiten der Mitarbeiter*innen geführt. Abgelehnt wird in diesem Fall nicht die Digitalisierung, sondern Veränderung an sich.

Die Besonderheiten der öffentlichen Verwaltung im Vergleich zu anderen Organisationen und ihre bisherige Reformgeschichte stellen an ein Change-Management, das den Wandel zu einer digital-affinen Organisation initiieren und begleiten will, besondere Herausforderungen. Eine der zentralen Überzeugungen des Change-Managements ist, dass eine nachhaltige Veränderung von Organisationsstrukturen und internen Prozessen nur dann gelingt, wenn betroffenen Mitarbeiter*innen und Führungskräften neue Lösungen nicht einfach vorgegeben werden, sondern die Betroffenen aktiv in die Entwicklung neuer Strukturen und Prozesse eingebunden werden, da sie die Probleme und Spezifika der Organisation am besten kennen. Dass partizipatives Change-Management zu einem nachhaltigeren Wandel verhilft, gilt auch für die öffentliche Verwaltung. Gleichzeitig ist jedoch in Rechnung zu stellen, dass Beschäftigte, die in der öffentlichen Verwaltung sozialisiert sind, ein proaktives Management der Organisation weniger einstudiert haben. Das eigenverantwortliche Formulieren von Strategien und Zielen, das am Anfang eines jeden Change-Managementprozesses steht, ist weniger habitualisiert und wird von vielen als mühsam empfunden (Müller et al., 2011, S. 213). Das gilt insbesondere für Digitalisierungsvorhaben, bei denen für viele Beteiligte noch schwer greifbar ist, wie die digitalisierte öffentliche Verwaltung schlussendlich aussehen wird.

Zu beachten ist weiterhin, dass Hierarchie für die öffentliche Verwaltung als Organisationsprinzip konstitutiv ist und Verantwortung vertikal verteilt ist – Change Management an der Linie vorbei wird daher nicht oder nur in sehr begrenztem Umfang erfolgreich sein (Müller et al., 2011, S. 214). Die Herstellung eines intraorganisationalen, hierarchieübergreifenden Dialogs stellt gleichzeitig aber auch eine der größten Herausforderungen dar, da ein solcher Dialog in der öffentlichen Verwaltung nicht zu den etablierten Organisationsformen gehört und weder bei den Führungskräften noch bei den Mitarbeiter*innen erprobt ist.

Gerade weil die öffentliche Verwaltung im Vergleich zur Privatwirtschaft etliche Besonderheiten aufweist, sind Übernahmen von Digitalisierungsstrategien und Change-Management-Konzepten aus dem privaten Sektor kritisch zu prüfen. Veränderungsbereitschaft und aktive Unterstützung des Digitalisierungsprozesses durch Führungskräfte und Mitarbeiter*innen werden sich nur erzielen lassen, wenn die strukturellen und funktionellen Besonderheiten der öffentlichen Verwaltung im Change-Management-Prozess Beachtung finden.

4. Das Projekt FührDiV

4.1 Projektdesign

An dem Projekt FührDiV beteiligten sich vom 01.07.2017 bis 31.12.2019 insgesamt sieben Pilotverwaltungen zur Entwicklung und modellhaften Erprobung von neuen Formen der Arbeitsorganisation. Das gemeinsam verbindende Ziel war, den digitalen Wandel proaktiv zu gestalten. Im Vordergrund standen die Verbesserung der Zusammenarbeit sowie die Förderung einer digital-affinen und lernoffenen Organisationskultur. Folgende Pilotverwaltungen haben am Projekt FührDiV teilgenommen[1]:

- Amt für Soziale Dienste Bremen
- Verwaltungsschule Bremen
- Dataport, Hamburg
- Behörde für Arbeit, Soziales, Familie und Integration, Hamburg
- Stadtverwaltung Hannover
- Kreisverwaltung Soest
- Statistisches Bundesamt

Sowohl in den beteiligten Pilotverwaltungen als auch auf branchenpolitischer Ebene sollte ein gemeinsames Verständnis zwischen Arbeitnehmer- und Arbeitgeberseite darüber erzielt werden, wie Veränderungsprozesse mitbestimmungs- und beteiligungsorientiert initiiert und umgesetzt werden können. In jeder Pilotverwaltung wurde eine hierarchieübergreifende Projektgruppe aus Führungskräften, Beschäftigten und Personalräten gebildet. Externe Organisationsberaterinnen unterstützten die Projektgruppen dabei, auf die jeweilige Verwaltung angepasste individualisierte Lösungen in den vier Arbeitsfeldern Personal, Führung, Kommunikation und Organisation zu entwickeln. Dabei sollten folgende Fragestellungen bearbeitet werden:

Arbeitsfeld Führung: Welche Herausforderungen ergeben sich durch „virtuelles Führen“ in der öffentlichen Verwaltung? Wo zeigen sich Veränderungen und wo gibt es Veränderungsbedarf in der bisherigen Führungskultur?

Arbeitsfeld Personal: Wie können Eigenverantwortung und Selbstmanagement für die Beschäftigten gefördert werden? Welche Veränderungen erge-

1 Eine ausführliche Projektbeschreibung mit der Darstellung der einzelnen Pilotverwaltungen findet sich im Anhang.

ben sich aus der Digitalisierung von Arbeitsvorgängen für die Beschäftigten und Teams? Wie kann das Erlernen von digitalen Kompetenzen „on-the-job“ gefördert werden?

Arbeitsfeld Kommunikation: Wie können bestehende digitale Kommunikationsformen ausgebaut und neue eingeführt werden? Wie sehen beispielsweise effektive Kommunikationsformen für virtuelle oder standortübergreifend arbeitende Teams aus?

Arbeitsfeld Organisation: Wie müssen Arbeitsstrukturen gestaltet werden, damit der informelle Transfer digitaler Kompetenzen gelingt und wie können Führungskräfte und Personalentwicklung dabei unterstützen?

Durch die beteiligungsorientierte Ausrichtung des Projektes war es auch von zentralem Interesse, Erfahrungen darüber zu sammeln, wie Mitbestimmung bei der Aushandlung von Veränderungsprozessen unterstützen kann. Darüber hinaus sollten Vorschläge erarbeitet werden, wie die Berufsausbildung im öffentlichen Dienst weiterentwickelt werden kann. Dieser Schwerpunkt wurde vor allem in der PV 7 bearbeitet. Ein weiteres Projektziel von FührDiV war die nachhaltige Vernetzung der Pilotverwaltungen, um den Transfer von Strategien und Konzepten zur Gestaltung des digitalen Wandels auch über die Projektlaufzeit hinaus sicherzustellen.

Die externen Organisationsberater*innen wählten die Prozessbegleitung als zentralen Beratungsansatz für die Projektgruppen in den Pilotverwaltungen. Bei dieser Methode sollen die Organisationsmitglieder sich selbst dazu befähigen, alternative Denkmuster, Ziele und Visionen zu entwickeln. Aufgabe der Prozessbegleitung ist es, in der Rolle als Projektmanager*in, Coach oder Moderator*in die Projektgruppen für die Transformation grundlegender Orientierungen zu öffnen und bei der Umsetzung zu unterstützen. Der Fokus liegt dabei weniger auf fachlichen als auf sozialen Prozessen, sondern insbesondere auf der Veränderung von Denk- und Handlungsprozessen (Miebach, 2017, S. 495). Aufgabe der Prozessbegleiter*innen war es demnach, positive Kräfte zu identifizieren, um organisationale Veränderungen zu induzieren sowie negative Kräfte wie Widerstände, Angst oder Ablehnung sichtbar zu machen und durch gezielte Interventionen wie z. B. moderierte Workshops möglichst in Motivation und Engagement umzuwandeln. In der Analysephase des Projekts erhielten die Projektgruppen zusätzlich fachlichen Input durch die FührDiV-Berater*innen, unter anderem durch die Aufbereitung von Literatur und durch die Vorstellung von Good-Practice-Beispielen zur Digitalisierung. In allen Verwaltungen wurden für die

Projektumsetzung Pilotbereiche eingegrenzt, um die Vorhaben modellhaft zu erproben. Somit können Wirkungen des Projektes nur für die Pilotbereiche und nicht für die Gesamtorganisation beschrieben werden.

4.2 Evaluationsansatz und methodisches Vorgehen

Zielsetzung der Evaluation ist es, das Projekt FührDiV über die Laufzeit hinweg wissenschaftlich zu begleiten und eine Bewertung vorzunehmen, inwieweit die geplanten und durchgeführten Projektaktivitäten aus dem Gegenstandsbereich der Personal- und Organisationsentwicklung dazu beitragen, den digitalen Transformationsprozess in den Pilotverwaltungen erfolgreich zu bewältigen. Ein zentrales Kriterium für die Bewertung ist die mitbestimmungs- und beteiligungsorientierte Perspektive, d. h., inwieweit es den Pilotverwaltungen gelingt, Mitarbeiter*innen und ihre Interessenvertretung bei der Entwicklung und Durchführung der Maßnahmen mit einzubeziehen.

Ganz grundsätzlich kann die Evaluation von Projekten auf den vier verschiedenen Wirkungsebenen *Input, Output, Outcome* und *Impact* stattfinden (vgl. Abb. 2).

Abb. 2: Wirkungsebenen eines Projektes

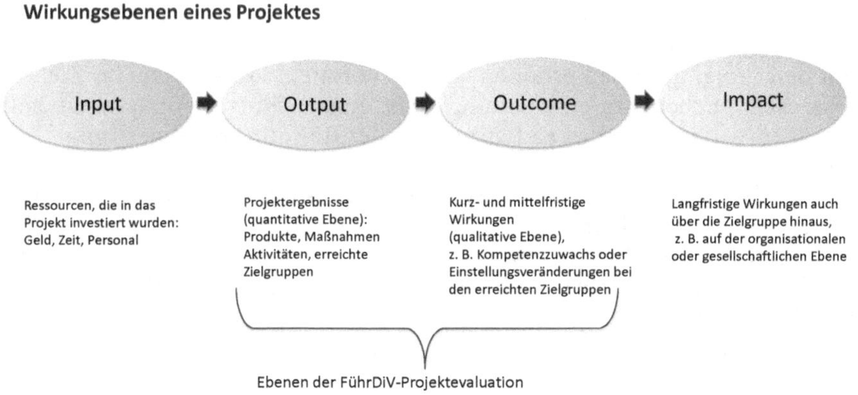

Eigene Darstellung in Anlehnung an das Kellogg-Logic-Model (Quelle: W.K. Kellogg Foundation, 2004).

Auf der Input-Ebene lässt sich beschreiben, welche Ressourcen in welchem Umfang für die Intervention aufgewendet wurden (Döring, 2019, S. 183). Im Projekt FührDiV sind das vor allem Personal, Zeit und Geld. Auf der Input-Ebene relevant ist darüber hinaus, ob das Konzept den Interessen und Bedürfnissen der beteiligten Adressat*innen entspricht. Die Output-Ebene lenkt den Blick auf die Ebene des Gegenstands, man spricht in der Evaluationsforschung auch von einer Konstruktion erster Ordnung (Widmer, 2000, S. 85). Ergebnisse auf dieser Ebene sind quantitativ darstellbar und leicht messbar, wie z. B. die Art und Anzahl von erreichten Zielgruppen, durchgeführten Trainingsmaßnahmen, Handlungshilfen und Produkten im Projekt FührDiV. Die dritte Ebene beschreibt kurzfristige und mittelfristige Wirkungen (Outcome), die sich nach Abschluss der Projektinterventionen bei den Adressat*innen zeigen. Dies kann z. B. ein Wissenszuwachs oder eine tatsächliche Verhaltensänderung einer Führungskraft im Alltag sein. Auf der Impact-Ebene rücken langfristige Auswirkungen des Projektes in den Fokus. In der Regel werden hier Wirkungen betrachtet, die sich nicht nur bei den Adressat*innen selbst, sondern auch in ihrem organisationalen oder gesellschaftlichen Umfeld ergeben. Ein Beispiel hierfür wäre eine verbesserte Teamarbeit, nachdem die Führungskraft in einer FührDiV-Qualifizierung gelernt hat, wie sie die Eigeninitiative im Team fördern kann. Mit jeder Wirkungsebene nimmt der Komplexitätsgrad der Messung zu und der Nachweis von intendierten und nicht-intendierten Wirkungen des Projektes wird schwieriger. Unsere Evaluation konzentriert sich auf die Ebenen Output – die direkt darstellbaren Ergebnisse – sowie Outcome – die kurzfristigen Wirkungen –, soweit sie am Projektende durch Befragung und Diskussionen mit den Projektgruppen erhoben werden konnten. Da das primäre Ziel der wissenschaftlichen Begleitforschung keine Kosten-Nutzen-Analyse sein sollte, haben wir auf eine Bestandsaufnahme der Ressourcen auf der Input-Seite verzichtet.

Zur Beantwortung unserer Evaluationsfragen haben wir uns aufgrund der geringen Fallzahl von sieben Pilotverwaltungen[2] für ein qualitatives Forschungsdesign entschieden, das uns erlaubt, im Rahmen von Fallstudien auf die Besonderheiten und Eigenheiten jeder Organisation detailliert einzugehen. Für die Auswertung haben wir feststehende Hauptkategorien auf Basis der oben genannten **vier Themenfelder** gebildet, die wir aus dem INQA-Check Personalführung (2017) entnommen haben:

---

2 Eine der Pilotverwaltungen wurde erst später in das Projekt FührDiV aufgenommen. Bei den Evaluationsschritten in der Anfangsphase des Projektes wurden daher nur sechs Pilotverwaltungen berücksichtigt.

1. Personal: Arbeitsbedingungen und Motivation der Beschäftigten
2. Führung: Die Rolle der Führungskräfte als Gestalter*innen des digitalen Wandels
3. Kommunikation: Interne und externe Kommunikation
4. Organisation: Digitalisierung als Aufgabe der Organisationsgestaltung

Darüber hinaus beinhaltete die Evaluation auch die Bewertung des FührDiV-Projektmanagements. Das Evaluationsvorhaben sah Datenerhebungen zu drei verschiedenen Zeitpunkten der Projektlaufzeit vor: zu Projektbeginn wurde eine *Ist-Analyse* zur Erhebung der Ausgangslage durchgeführt. Ermittelt wurde in den vier Handlungsfeldern, inwiefern Führungskräfte und Beschäftigte bereits auf den digitalen Wandel eingestellt sind und wo ggf. Ansatzpunkte für das Projekt FührDiV liegen könnten.

Nach der Hälfte der Projektlaufzeit wurden mit Vertreter*innen der Pilotverwaltungen erste *Zwischenergebnisse* diskutiert und der Prozess der Projektumsetzung kritisch reflektiert. Mithilfe einer Online-Befragung wurde drei Monate vor Ablauf des Projektes ermittelt, inwiefern die Projektziele in den einzelnen Pilotverwaltungen erreicht wurden und welche organisationalen Rahmenbedingungen dafür förderlich bzw. hinderlich waren. Abschließend wurden die Ergebnisse der Online-Befragung in jeder Pilotverwaltung mit den Mitgliedern der Projektgruppen diskutiert. Die Methode der Gruppendiskussion ermöglicht – neben der Erhebung von Sachinformationen – vertiefende Einblicke in die Gruppendynamik der Projektgruppe. Zudem kann der Fokus auf gemeinsame Problemlösungsprozesse in Bezug auf den Umgang mit Digitalisierung gerichtet werden. Das Evaluationsdesign war summativ *und* formativ angelegt. Das heißt zusätzlich zu der abschließenden Bewertung der Projektergebnisse nach Beendigung des Projektes (summative Evaluation) wurden bereits während des Projektverlaufs Daten erhoben und ausgewertet (formative Evaluation). Die Erkenntnisse aus den einzelnen Erhebungsphasen wurden bei der Planung der jeweils nächsten Projektschritte miteinbezogen. So wurden die Zwischenergebnisse, aber auch dynamische Entwicklungen in den Projektgruppen nach jeder Phase mit dem Projektnehmer sowie mit dem Beirat eingehend diskutiert.

Abb. 3: Evaluationsablauf

Evaluationsschritt	Erhebungszeitraum	Vorliegendes Datenmaterial
Ist-Analyse	März-Juni 2018	• 6 Gruppendiskussionen zur Ausgangslage • Protokolle der Projektgruppensitzungen • Protokolle der Beiratssitzungen • Dokumente der PV, wie z. B. Strategiepapiere zur Digitalisierung
Zwischenevaluation	Nov.-Dez. 2018	• Gruppendiskussion mit Teilnehmenden von 5 PV • Protokolle der Projektgruppensitzungen • Protokolle der Beiratssitzungen • Dokumentation des Transferworkshops vom 13.12.2019 (Vorstellung von ersten Produkten und Aktivitäten von 7 PV)
Abschlussevaluation	Okt.-Nov. 2019	• Protokolle der Projektgruppensitzungen • Online-Befragung von 6 PV (n = 50, davon 38 vollständig ausgefüllte Fragebögen) • 7 Gruppendiskussionen zu den Ergebnissen • Präsentationen von 7 PV auf der Abschlussveranstaltung vom 12.11.2019 • Handlungsleitfaden FührDiV • Produkte der PV (Checklisten, Dienstvereinbarungen, Leitfäden, Workshop-Konzepte etc.)

Die Gruppendiskussionen mit den Mitgliedern der Projektgruppen dauerten jeweils 90 Minuten. Die Projektgruppen hatten eine Größe zwischen vier und 16 Teilnehmenden. Als Leitfaden für die Diskussion dienten Statements zu den vier Themenkomplexen, die den Teilnehmenden auf Flipchartpostern präsentiert wurden. Die Gruppendiskussionen wurden mit einem Aufnahmegerät aufgezeichnet und anschließend transkribiert.

Das vorliegende Datenmaterial haben wir mit der Methode der Inhaltsanalyse in Anlehnung an Mayring ausgewertet. Dieses Verfahren eignet sich, um das Material nach bereits vorher festgelegten Kategorien aus den einzelnen Handlungsfeldern zu analysieren, bietet jedoch auch ausreichend Flexibilität, um während des Auswertungsprozesses neue Kategorien zu bilden (Reithmeier, 2016, S. 102).

Bei der Auswertung berücksichtigt wurden darüber hinaus Projektprotokolle, Protokolle der Beiratssitzungen, interne Dokumente der Pilotverwaltungen wie z. B. Strategiepapiere, Konzepte und Maßnahmenbeschreibungen, die im Rahmen von FührDiV erarbeitet wurden, sowie die Transkripte der Gruppendiskussionen und Präsentationen der Netzwerkveranstaltungen.

Die Online-Befragung zu den Ergebnissen und Wirkungen des Projekts FührDiV richtete sich an die Mitglieder der Projektgruppen in den teilnehmenden Pilotverwaltungen und umfasste folgende Themenkomplexe:

- Erreichte bzw. nicht erreichte Projektziele und Zwischenziele,
- Förderliche Bedingungen in der Organisation, die zum Erreichen der Projektziele beigetragen haben,
- Hemmende Bedingungen in der Organisation, die das Erreichen der Projektziele erschwert oder verhindert haben,
- Veränderungen in der Zusammenarbeit zwischen Beschäftigten und Führungskräften,
- Nutzung digitalisierter Kommunikation und Veränderung von Kommunikationswegen,
- Veränderung des Organisationslernens,
- Einstellungen zur Digitalisierung der öffentlichen Verwaltung,
- Angaben zur Pilotverwaltung und Statusgruppe (Mitarbeiter*in, Führungskraft, Mitglied im Personalrat).

Mitte September 2019 wurde ein Link zur Online-Umfrage an alle Mitglieder verschickt. Insgesamt registrierten sich 50 Teilnehmer*innen aus sechs Pilotverwaltungen, von denen 38 den Fragebogen komplett ausgefüllt haben, elf teilweise und eine Person gar nicht. Die 38 Befragten verteilen sich auf die einzelnen Pilotverwaltungen wie folgt: Amt für Soziale Dienste in Bremen (6), Behörde für Arbeit, Soziales, Familie und Integration in Hamburg (3), Dataport (5), Kreisverwaltung Soest (3), Landeshauptstadt Hannover (9), Statistisches Bundesamt (10); zwei Befragte machten keine Angaben. Aufgrund der disproportionalen Beteiligung in den einzelnen Pilotverwaltungen werden die Ergebnisse, soweit statistisch zulässig, gewichtet dargestellt. Die offenen Antworten der Teilnehmenden werden aufgrund der geringen Fallzahl nicht aggregiert dargestellt, sondern gehen als qualitative Einzelaussagen in die Auswertung ein.

5. Ergebnisse der Ist-Analyse

Das Kapitel gibt einen Überblick über die Ergebnisse der Ist-Analyse in den sechs Pilotverwaltungen[3] anhand der Themenfelder Personal, Führung, Kommunikation und Organisation. Die Befunde zur Ausgangslage in den einzelnen Verwaltungen haben wir zusammengefasst und schlaglichtartig zu Thesen verdichtet.[4] Die Ergebnisdarstellung erfolgt anonymisiert, d. h., es lassen sich weder Rückschlüsse auf die jeweilige Pilotverwaltung noch auf die Mitglieder in den Projektgruppen ziehen. Die im Ergebnisteil verwendeten Codenummern für die Pilotverwaltungen entsprechen *nicht* der Reihenfolge der dargestellten Kurzprofile in Kapitel 4.2.

5.1 Personal: Einfluss der Digitalisierung auf die Beschäftigten

Im Themenkomplex „Personal“ haben wir erhoben, wie die Beschäftigten den digitalen Wandel wahrnehmen, ob sie sich der Arbeitswelt 4.0 gewachsen fühlen und inwieweit in den Pilotverwaltungen Vielfalt und flexible Arbeitsformen gefördert werden.

Arbeitsbedingungen und Motivation der Beschäftigten

Ergebnis Ist-Analyse: Widersprüchliche Szenarien über Arbeit in der Verwaltung 4.0 bestimmen die Diskussion – sie polarisieren und rufen Ängste hervor

Bei der Ist-Analyse sind uns sowohl optimistische als auch pessimistische Haltungen gegenüber der Digitalisierung der öffentlichen Verwaltung begegnet. Gefunden haben wir Hinweise sowohl auf Über- als auch Unterforderung, auf digitalaffine Mitarbeiter*innen, für die kollaborative und mobile Arbeitsformen per Fernzugriff auf digitalisierte Dokumente selbstverständlich sind, aber auch auf ein Amt, in dem hochmotivierte und Digitalisierungsvorhaben offen gegenüberstehende Mitarbeiter*innen wortwörtlich den Staub von im Keller gelagerten Aktendeckeln pusten müssen. Die folgenden Befunde zeigen, dass Digitalisierungsprozesse zeitgleich sowohl mit

3 Da das AFZ erst zu einem späteren Zeitpunkt am Projekt FührDiV teilnahm, bezieht sich die Ist-Analyse nur auf 6 Pilotverwaltungen.

4 Eine ausführliche Darstellung der Ausgangslage in den einzelnen Verwaltungen findet sich im nicht veröffentlichten Zwischenbericht der Evaluation.

hoher Akzeptanz und dem Gefühl der Arbeitserleichterung als auch mit Ablehnung und Überlastungsphänomenen einhergehen können:

- Das Substitutionspotenzial bei den Angestellten in sogenannten „Front Office-Jobs“ im direkten Kontakt mit Bürger*innen (street level bureaucrats) wird als hoch eingeschätzt (Buffat, 2015, S. 152). Auch in den Pilotverwaltungen befürchten einzelne Mitarbeiter*innen, dass persönliche Begegnungen verstärkt durch Chats, E-Mails oder Webseiten automatisiert bzw. autonomisiert werden.
- Digitalisierung wird vor allem als Temposteigerung und Schnelllebigkeit wahrgenommen. Dies führt zu einer Arbeitsverdichtung, die als belastend empfunden wird. Deutlich wird dies z. B. in den Reaktionszeiten im E-Mailverkehr: *„Die Entwicklung ist so schnelllebig, E-Mailverkehr und diese Erwartungen zur Reaktionszeit, da können wir uns noch so viel Mühe geben, das belastet die Mitarbeiter*innen immer mehr. Also der Erwartungsdruck ist hoch.“ (Führungskraft, PV 4).*
- Digitalisierung weckt nicht nur Sorgen vor einer höheren individuellen Arbeitsbelastung, sondern auch Befürchtungen von Qualitätseinbußen. Deutlich wird dies an einem möglichen Zielkonflikt zwischen dem experimentellen Charakter des agilen Arbeitens und Qualitätsanforderungen, wie folgendes Zitat zeigt: *„Also bei der alten [...] Leitung war die Genauigkeit vor der Schnelligkeit, jetzt dreht sich das so langsam. Die Schnelligkeit ist dabei, die Genauigkeit einzuholen. Die Schnelligkeit ist ziemlich präsent [...] Die Genauigkeit/Qualität leidet darunter.“ (PV 6).*
- Eine strukturierte Einarbeitung in digitale Arbeitsprozesse findet nur eingeschränkt statt. Technische Geräte und Software sind zwar vorhanden, allerdings verfügen die Mitarbeiter*innen nicht über ausreichende Kenntnisse bezüglich der Nutzungsmöglichkeiten. *„...Letztendlich sind wir mit dem, was wir haben, weiter als manch andere. Aber was das Gerät genau macht und wie es genutzt werden kann, ist unklar. Das ist für mich auch ein Problem, an das wir ran wollen, dass das in Zukunft nicht mehr so ist ..., dass alle wissen, wie man mit dem Gerät umgeht und man es effektiv auch nutzen kann.“ (PV 4).*
- Die Auswirkungen von Digitalisierung sind innerhalb der Pilotverwaltungen ambivalent: Berichtet wurde von Unterforderung, aber auch von Wissensrückständen bei der Gruppe der Teilzeitkräfte sowie generellen Ängsten vor Umstrukturierung, die auch Digitalisierungsprojekte hemmen können.

Förderung einer vielfältigen und flexiblen Arbeitsorganisation

Ergebnis der Ist-Analyse: Digitale Arbeitsformen werden zunehmend eingesetzt, um räumlich und zeitlich flexibel arbeiten zu können. Sie sind aber häufig immer noch besonders begründungsbedürftig, gelten als eine Ausnahme und sind zum Teil nur für spezifische Beschäftigtengruppen offen.

Bei der Ist-Analyse wurde deutlich, dass in allen Pilotverwaltungen eine Sensibilität für die Förderung von Vielfalt besteht. Es gibt eine Offenheit dafür, die unterschiedlichen Lebenssituationen von Beschäftigten bei der Gestaltung von Strukturen und bei der Organisation von Aufgaben zu berücksichtigen, um so beispielsweise eine bessere Vereinbarkeit von Familie und Beruf zu ermöglichen. Auch Beschäftigte mit Beeinträchtigungen werden gezielt auf die Herausforderungen des digitalen Arbeitens vorbereitet. Allerdings bestehen sehr große Unterschiede zwischen den Pilotverwaltungen, was die Nutzung der Möglichkeiten der Digitalisierung zur Förderung von Vielfalt betrifft.

- Neue technische Möglichkeiten zur Verbesserung der räumlichen und zeitlichen Flexibilität von Beschäftigten (z. B. durch Telearbeit, mobiles Arbeiten von unterwegs, Teammeetings via Videokonferenz etc.) werden in einem sehr unterschiedlichen Ausmaß genutzt. Freiheiten des digitalen Arbeitens sind in manchen Pilotverwaltungen nur für Beschäftigte in höheren Hierarchieebenen vorgesehen.
- Von hoher Bedeutung sind Fragen der Datensicherheit. So wurde beispielsweise die Arbeit mit mobilen Geräten aufgrund von Fragen des Datenschutzes zum Teil als nicht möglich erachtet. In anderen Behörden wiederum bestand das Problem, dass Geräte und Produkte, die den Datenschutzrichtlinien entsprechen, für die Behörden finanziell nicht darstellbar waren.
- Unterschiedliche Positionen gab es auch bei der Frage, welche Herausforderungen die Digitalisierung für die Gruppe der älteren Beschäftigten mit sich bringt und wie diese Beschäftigtengruppe auf die digitale Arbeitswelt vorzubereiten ist. Hier war die ganze Bandbreite von möglichen Positionen vertreten: Die Antworten reichten von *‚ältere Beschäftigte werden gezielt in Weiterbildungsmaßnahmen einbezogen‘* über *‚es wird bewusst kein Unterschied gemacht, da Beschäftigte diese Form der positiven Diskriminierung nicht wünschen‘* hin zu *‚über die älteren Beschäftigten in der digitalen Arbeitswelt wurde noch nie nachgedacht‘*.

5.2 Führung: Die Rolle der Führungskräfte als Gestalter des digitalen Wandels

Im Themenfeld Führung haben wir untersucht, welche Grundhaltung Führungskräfte gegenüber den Beschäftigten einnehmen, wie sie ihre Rolle als Gestalter des digitalen Wandels sehen und wie sie ihre eigenen Stärken und Schwächen im Umgang mit Digitalisierung einschätzen.

Grundhaltung gegenüber den Beschäftigten

Ergebnis der Ist-Analyse: Eigenständiges Arbeiten der Beschäftigten wird gefördert, allerdings zeigt sich, dass Autonomiespielräume stark von der jeweiligen Führungskraft abhängen. Die Beschäftigten wünschen sich einen konstruktiveren Umgang mit Fehlern.

In vier Pilotverwaltungen wird nach Angaben der Teilnehmenden das eigenständige Arbeiten von Beschäftigten gefördert und es wird ihnen zugetraut, dass sie die vorgegebenen Arbeitsaufgaben auf ihre eigene Art und Weise gut lösen. Kreativität und neue Ideen werden grundsätzlich unterstützt, allerdings gilt diese Beteiligungskultur nicht in jeder Hinsicht für den Kontext der Digitalisierung, hier fühlen sich die Beschäftigten z. T. allein gelassen. Zwei Pilotverwaltungen beurteilen dieses Statement kritischer, so gaben Diskussionsteilnehmende zu Protokoll, dass die Autonomiespielräume stark von der jeweiligen Führungskraft abhängen und zwischen einzelnen Bereichen variieren. Es gibt sowohl Führungskräfte, die ihre Beschäftigten vorbildlich in Planungsprozesse einbeziehen, als auch Vorgesetzte, die sich darum überhaupt nicht kümmern.

Aus den Gruppendiskussionen ergibt sich für den Bereich Führung folgendes Bild:

- Beschäftigte werden grundsätzlich in Entscheidungen einbezogen und angeregt, neue Dinge auszuprobieren. Dennoch wünschen sich viele mehr Raum zum Experimentieren.
- Die hierarchische Organisation der Verwaltung wurde kritisch bewertet, viele Projekte laufen ohne die Einbindung der unteren Ebenen.
- Viele Arbeitsgruppen sind nicht miteinander vernetzt und wissen zu wenig voneinander, agiles Arbeiten wird unter diesen Voraussetzungen als nicht möglich erachtet.
- Fast alle Pilotverwaltungen sehen einen erheblichen Verbesserungsbedarf für die Entwicklung einer positiven und konstruktiven Fehlerkultur, wie folgendes Zitat zeigt: „*Wir müssten dies positiver sehen. Denn*

wenn Fehler entdeckt werden, könnte man diese auch verbessern. Aber so wird das nicht gesehen. Bei uns ist der zeitliche Aspekt viel wichtiger als eine spätere Korrektur. Was ist die Positionierung und worauf wollen wir uns fokussieren? Beides geht nicht und hier würde ich mir mehr Klarheit wünschen. Wollen wir nur schneller sein als die Konkurrenz da draußen?" (PV 6).

Vorbereitung der Führungskräfte auf den digitalen Wandel

Ergebnis der Ist-Analyse: Führungskräfte sehen sich selbst noch nicht ausreichend auf den digitalen Wandel vorbereitet. Damit können sie ihrer Rolle als Change Agents für die digitale Transformation nicht gerecht werden.

Aus den Ergebnissen der Ist-Analyse wird nicht klar, ob und inwieweit sich Führungskräfte den Herausforderungen der Digitalisierung stellen und ihre digitalen Kompetenzen weiterentwickeln. Von den FührDiV-Projektmitgliedern konnte oder wollte hier fast niemand explizit Stellung nehmen – über die Kompetenzen der Führungskräfte können wir an der Stelle nichts Aussagekräftiges sagen. Ganz allgemein wurde jedoch festgehalten, dass das Engagement der Führungskräfte sehr variiert und es sowohl Führungskräfte gibt, die das Digitalisierungsthema aktiv aufgreifen, als auch solche, die dem keine oder nur wenig Beachtung schenken.

- Neben grundsätzlicher Kritik an der vorherrschenden Führungskultur wurde von den Projektgruppen die z. T. fehlende Kommunikation bei Organisationsreformen und Modernisierungsprojekten – ganz unabhängig von Digitalisierungsvorhaben – bemängelt.
- Führungskräfte greifen potenzielle Ängste von Beschäftigten in Bezug auf den digitalen Wandel nicht proaktiv auf, entweder weil Digitalisierung in der betreffenden Organisation noch überhaupt kein Thema ist oder weil die Organisation schon so stark digitalisiert ist, dass Ängste auf der Ebene der Beschäftigten eigentlich gar nicht mehr vorkommen dürften.
- Der digitale Wandel ist bisher *kein* Gegenstand in den Gesprächen zwischen Führungskraft und Beschäftigten. Dennoch waren sich alle Projektgruppen einig, dass Themen der digitalen Transformation in regelmäßigen Abständen thematisiert werden sollen.
- Systematisches Zeit- und Selbstmanagement sowie die Fähigkeit, Teams und Abteilungen orts- und zeitunabhängig zu führen, hängen stärker vom individuellen Charakter der Führungskräfte als von der jeweiligen Organisationskultur ab.

5.3 Interne und externe Kommunikation

Digitalisierung verändert die Art und Weise, wie die Organisationsmitglieder nach innen und nach außen kommunizieren. Welche Formen der digitalen Kommunikation finden sich in den Pilotverwaltungen und wie werden sie von den Beschäftigten genutzt?

Ergebnis der Ist-Analyse: Digitale Kommunikation in der Verwaltung beschränkt sich weitgehend auf E-Mail-Verkehr. Neue Kommunikationsmedien wie Social Media oder Instant Messenger werden bis auf wenige Ausnahmen nicht genutzt.

Nahezu alle Diskussionsteilnehmer*innen sind sich einig, dass die vorhandenen Möglichkeiten der digitalisierten Kommunikation noch nicht von allen ausreichend genutzt werden. So haben nicht alle Zugriff auf grundständige Techniken wie E-Mails oder Social Intranet. Die Ergebnisse der IST-Analyse zeigen, dass die Pilotverwaltungen mit Blick auf die Formen der Kommunikation eher dem Idealtypus einer schwach digitalisierten Verwaltung entsprechen.

> *„Was die Kommunikation betrifft, bei uns wird bereits viel mit E-Mail kommuniziert. Einen gewissen Nachteil hat es schon, denn die persönliche Kommunikation bleibt ein bisschen auf der Strecke. Der große Vorteil ist natürlich, dass es schnell geht und man auf ganz andere Weise wie vor 10 Jahren kommunizieren kann."* (PV 4).

Die Aussage deutet darauf hin, dass E-Mail-Kommunikation als fortschrittliche Technologie genommen wird und der befragten Person womöglich gar nicht bewusst ist, was in der agilen Arbeitswelt 4.0 zukünftig alles möglich sein wird. Direkte Kommunikationsinstrumente wie Chat-Foren oder Messenger-Dienste sind in den Pilotverwaltungen bisher kaum vorhanden bzw. befinden sich im Stadium der Einführung:

> *„Es [das Intranet] ist gerade dabei, implementiert zu werden bzw. noch ganz am Anfang. Es funktioniert in der Softwareentwicklung. Bis zur Verwaltung ist es noch nicht vorgedrungen. Und ich wüsste auch nicht, was wir da hätten, was da zutreffend wäre. Und das soziale Intranet. Das verstehe ich so, dass das so eine Art Blog ist, indem man sich austauscht. Aber direkte Kommunikation sehe ich derzeit als gar nicht gegeben. So etwas haben wir einfach noch nicht."* (PV 5).

Es wurde zudem immer wieder darauf hingewiesen, dass datensichere Messenger-Dienste für die öffentliche Verwaltung zu teuer sind. Geäußert wurde außerdem die Befürchtung, dass es zukünftig zu viele Plattformen gebe, auf denen man gleichzeitig kommunizieren muss.

5.4 Organisation: Digitalisierung als Aufgabe der Organisationsgestaltung

Im Themenfeld „Organisation" sind wir der Frage nachgegangen, inwieweit für den Umgang mit Digitalisierung allgemein verbindliche Werte und Prinzipien existieren und welchen Stellenwert kontinuierliches Innovations- und Organisationslernen hat, um auf Herausforderungen des digitalen Wandels zu reagieren.

Normatives Management: Werte und Prinzipien

Ergebnis der Ist-Analyse: Verbindliche Werte und Prinzipien zum Themenfeld Digitalisierung sind in keiner Pilotverwaltung vorhanden. Selbst über das Vorhandensein allgemeiner Leitlinien und Werte herrscht in den Projektgruppen Unsicherheit.

Auch wenn einige der Pilotverwaltungen feststellten, dass es durchaus gemeinsame Werte und Prinzipien in der Organisation gibt, so waren sich doch *alle* Pilotverwaltungen dahingehend einig, dass eine Diskussion darüber, ob und inwieweit diese vor dem Hintergrund von Digitalisierung zu verändern oder anzupassen sind, nicht stattfindet. Zum Teil werden Werte und Prinzipien der analogen Welt auf die digitalisierte Arbeitswelt übertragen, was regelmäßig zu neuen Problemen führt. Zum Teil wird ex post und ad hoc aus Fehlern oder Krisensituationen gelernt. Es gibt keinen proaktiven Umgang bei der Gestaltung von Werten und Prinzipien im Kontext von Digitalisierung. In Bezug auf Werte und Prinzipien in der Arbeitswelt 4.0 kamen die Projektgruppenmitglieder zu folgenden Befunden:

- Führungskräfte nehmen in Bezug auf Fragen des digitalen Wandels keine Vorbildfunktion ein. Leitlinien, allgemeine Werte und Prinzipien sind weder in der analogen noch in der digitalen Welt präsent wie folgende Zitate zeigen: „*Und ich habe auch ‚schwer zu sagen' gesagt, weil wir immer noch keine Leitlinien haben. Weiß ich ja im Moment noch gar nicht, wonach ich dann handeln sollte. Natürlich mache ich das intuitiv, glaube ich, total richtig. Aber ich könnte jetzt nicht sagen, wo ich hingehe oder wo ich demnächst meinen Auftrag hinleiten soll*" (PV 5).
  Es wird anlassbezogen schon über Werte und Prinzipien gesprochen. Wenn sich mal wieder ein Problem auftut, wird das auf der untersten Ebene in den Sachgebietsbesprechungen diskutiert und dann wird eine Lösung gefunden. Dass aber von oben mal was kommt, ist eher weniger der Fall." (PV 4).

„Regeln, da haben wir ja klare Vereinbarungen, zwar nicht direkt für die Digitalisierung aber bspw. bei der Telearbeit. Aber so gelebte Werte und Prinzipien, ein gemeinsames Verständnis darüber, die auch verbindlich sind, ..., das haben wir noch nicht, das muss sich noch finden.“ (PV 5).

- Die Einführung von mobilen Arbeitsformen in der Verwaltung wird z. T. immer noch als problematisch eingeschätzt. Gegenargumente kommen von drei Seiten: Erstens bemängeln Führungskräfte fehlende Kontrolle. Zweitens befürchten Personalräte eine zunehmende Entgrenzung von Arbeits- und Freizeit mit einhergehender Selbstausbeutung. Drittens sind bestehende Dienstvereinbarungen der analogen Welt, die z. B. das Arbeiten nach 18.00 Uhr untersagen, nicht kompatibel mit den Bedürfnissen von Beschäftigten, die in vielfältigen Familienkonstellationen leben und arbeiten.
- Schlechte Kommunikation in zurückliegenden Reorganisationsprozessen führte zu negativen Erfahrungen mit Umstrukturierungen, die nun auf das Thema Digitalisierung übertragen werden.

Innovations- und Organisationslernen

Ergebnis der Ist-Analyse: Organisationslernen, Innovationen und Wissensmanagement finden bisher nur sehr eingeschränkt oder gar nicht statt.

Organisationslernen, Innovationen und Wissensmanagement wurden in *allen* Pilotverwaltungen sehr kritisch diskutiert. Entweder fehlt es an Kapazitäten für eine systematische Umwelt-beobachtung und Organisationslernen oder es wird von einer Status-quo-Organisationskultur *„Wir haben das schon immer so gemacht“* (PV 3) gesprochen. Die Ausgangslage im Handlungsfeld Innovations- und Organisationslernen stellt sich wie folgt dar:

- Systematischer Wissenstransfer oder regelmäßige Feedbackrunden zu neuen Entwicklungen finden in keiner Pilotverwaltung statt.
- Organisationaler Wandel wird ausschließlich als Top-down-Prozess erlebt, bei dem nachfolgende Bereiche wenig Mitspracherecht haben, wie folgende Aussage zeigt: *„In der Führungsebene werden Prozesse aufgenommen und werden von oben nach unten weitergegeben durch Arbeitsaufträge. Aber wir haben nicht, dass Bereiche sich damit auseinandersetzen. Was gibt es in meinem Bereich für eine Umwelt? Zumindest nicht systematisch, was wir integrieren müssen. Es ist kein Bottom-up-Ansatz, sondern Top-down.“ (PV5).*
- In Bezug auf digitalen Wissenstransfer besteht eine Diskrepanz zwischen der positiven Außendarstellung des Themas und dem tatsächlichem Verwaltungshandeln.

- Moderations- und Interviewtechniken sind in einigen Pilotverwaltungen vorhanden, wurden bisher aber noch nicht im Handlungsfeld „Digitalisierung“ angewendet.
- Zwei Pilotverwaltungen haben ein Zukunftskonzept für den digitalen Wandel erarbeitet, aber noch nicht in eine systematische Organisationsentwicklungsstrategie überführt.

6. Darstellung der Ergebnisse

Dieses Kapitel gibt einen Überblick über die Projektergebnisse in den vier Handlungsfeldern Personal, Führung, Kommunikation und Organisation. Wir beziehen uns sowohl auf die individuelle Ebene der Kompetenzentwicklung, Eigenverantwortung und Selbstorganisation der Organisationsmitglieder als auch auf die Ebene organisationaler Lernstrategien und kultureller Veränderungen.

6.1 Gesamtbewertung des Projektverlaufs und der Projektergebnisse

Im Rahmen der Abschlussevaluation wurden die Mitglieder der Projektgruppen gebeten, die aus ihrer Sicht wichtigsten Ergebnisse des Projekt FührDiVs zu benennen. Folgende Projektergebnisse auf der *Output-Ebene* (z. B. Maßnahmen, Qualifizierungskonzepte, Dienstvereinbarungen) wurden benannt:

- Leitfäden und Handlungshilfen (zu den Themen: „Trennung von Freizeit und Beruf", „Vermeidung von unbewussten Benachteiligungen", „Arbeiten in virtuellen Teams", „Abwesenheit im Team", „geregelte Ablage", „Agiler Kulturcheck")
- Workshop-Konzepte für innovative Führung
- Kommunikation intern/extern: Videos über agile Projekte, die zum Nachmachen anregen sollen
- Dienstvereinbarungen zum flexiblen Arbeiten/Rahmen-Dienstvereinbarung zur Gestaltung des digitalen Wandels, Anpassung Tarifvertrag (Eingruppierung neuer Tätigkeiten, z. B. Scrum-Master)
- Nutzung von Methoden des agilen Projektmanagements (Design-Thinking, World-Café, Barcamp)
- Innolabs (Räume für kreative Workshops und Meetings)
- Innolotsen
- Einführung eines ‚dualen Betriebssystems' in einer Teileinheit
- Neugestaltung der Homepage
- Verbesserung der IT-Ausstattung

Durch das Projekt konnten also erste strukturelle Veränderungen sowohl in der Aufbauorganisation (z. B. Einführung eines dualen Betriebssystems) als auch bezüglich der Ablauforganisation (z. B. Dienstvereinbarungen zu flexiblem Arbeiten, neue Möglichkeiten zur Partizipation quer zur Hierarchie

(z. B. Barcamps, Design-Thinking-Workshops, Digitalisierungsgruppen) angestoßen werden.

Neben diesen Projektergebnissen innerhalb der Pilotverwaltungen wurden im Rahmen von Teilprojekten weitere Produkte für die Verwaltung entwickelt. Dazu gehören die INQA-Toolbox zur strategischen Personalplanung sowie die INQA-Checks für die öffentliche Verwaltung für die Themen Führung, Wissen & Kompetenz sowie Gesundheit. Die für die Privatwirtschaft bestehende INQA-Toolbox zur Strategischen Personalplanung wurde für den öffentlichen Dienst erweitert und angepasst. Der Instrumentenkasten umfasst ein IT-Tool (PYTHIA), ein Handbuch für Personalverantwortliche, einen Ratgeber für Personalräte, Trainingskonzepte zur Schulung von Personalverantwortlichen und Personalräten sowie eine Präsentation zur Einführung und Dokumentation vor Ort. Entwickelt wurde die Toolbox als Teilprojekt von FührDiV von wmp consult – Wilke Maack GmbH, dem Institut für Beschäftigung und Employability IBE der Hochschule für Wirtschaft und Gesellschaft Ludwigshafen und weiteren Partnern.

Ein weiteres Output-Ergebnis ist die Weiterentwicklung der INQA-Checks speziell für die öffentliche Verwaltung (Themen: Führung, Wissen & Kompetenz sowie Gesundheit). Als Teilprojekt von FührDiV, das von der FOM Hochschule durchgeführt wurde, waren Beschäftigte der Pilotverwaltungen neben weiteren Akteuren aus dem öffentlichen Bereich maßgeblich an der Erprobungsphase dieser praxisorientierten Handlungshilfen beteiligt. Hierzu fanden Workshops, Feedbackrunden, Expertengespräche und Begutachtungen statt.

Unmittelbar nach Projektende lassen sich die Projektergebnisse fast ausschließlich auf der Output-Ebene (Maßnahmen-Ebene) darstellen. Ergebnisse auf der Outcome-Ebene (Wirkungen) sind nach so kurzer Zeit dagegen schwerer nachzuweisen. Dennoch können wir anhand der Ergebnisse der Online-Umfrage und der abschließenden Gruppendiskussionen zeigen, dass es allen Pilotverwaltungen gelungen ist, Führungskräfte und Beschäftigte – zumindest in den teilnehmenden Abteilungen und Amtsbereichen – auf Veränderungsprozesse im Zusammenhang mit der digitalen Transformation einzustimmen. Die Antworten, die Projektgruppenmitglieder bei der abschließenden Befragung gaben, machen dies deutlich.

Auf der *Outcome-Ebene* (Wirkungen bei Führungskräften und Beschäftigten) kam es zu folgenden Ergebnissen:

- Platzierung des Themas ‚Digitalisierung' in der Organisation
- Erarbeitung eines gemeinsam geteilten Verständnisses von Digitalisierung: Digitalisierung ist dann erfolgreich, wenn die drei Säulen Tech-

nik/IT, Organisation und Personal, Führung/Kultur zusammengedacht werden.

- Sensibilisierung für und Erprobung von Kommunikations- und Interaktionsformen, die zu schnelleren Entscheidungen und mehr Eigenverantwortung der Beschäftigten führen
- Wissensvermittlung/Qualifizierungsoffensive (z. B. zum Thema Agilität)
- Verständigung über sinnvolle Einsatzbereiche für innovative Arbeitsformen (z. B. agile Arbeitsformen für Innovationsprozesse nutzen, nicht jedoch für standardisierte Routineaufgaben der öffentlichen Verwaltung)
- Sensibilisierung für Chancen und Herausforderung der Digitalisierung
- Bewusstsein für die Möglichkeiten von Veränderungen geschaffen, Kreativität freigesetzt, Interesse an der Entwicklung digitaler Innovationen geweckt, Impulse für den Erwerb digitaler Kompetenzen gesetzt sowie neue Lernformen und -orte ausprobiert
- Sensibilisierung für die Bedeutung von Beteiligung: Die frühzeitige Einbindung und Mitwirkung von Personalrat, Führungskräften und Beschäftigten ist ein zentraler Erfolgsfaktor für Digitalisierungsprozesse.
- Positionsbildung einzelner Akteure ((G)PR)

Die Aufzählung stellt die über die sieben Pilotverwaltungen zusammengefassten Ergebnisse der 2,5-jährigen Projektlaufzeit dar. In Anbetracht der Menge an erreichten Projektergebnissen mag es zunächst erstaunlich klingen, dass nur 15,4 Prozent der befragten Projektgruppenmitglieder in der Abschlussevaluation angeben, dass ihrer Meinung nach die Projektergebnisse erreicht wurden (Abb. 4). 47,9 Prozent sehen sie als immerhin teilweise erreicht, ein Drittel der Projektgruppenmitglieder kommuniziert aber auch klar, dass die Ziele des Projekts bislang kaum erreicht wurden. Die Auswertung nach Statusgruppen zeigt, dass Führungskräfte und Personalratsmitglieder in der Tendenz kritischer sind als die Gruppe der Mitarbeiter*innen. Immerhin bewerten in der Gruppe der Führungskräfte 40,2 Prozent die Projektziele als erreicht und 27,9 Prozent als teilweise erreicht. Auf der Ebene der Mitarbeiter*innen herrscht hingegen bei 65,8 Prozent die Auffassung vor, dass die Projektergebnisse zumindest teilweise erreicht wurden.

Abb. 4: Einschätzung des Zielerreichungsgrads nach Statusgruppe

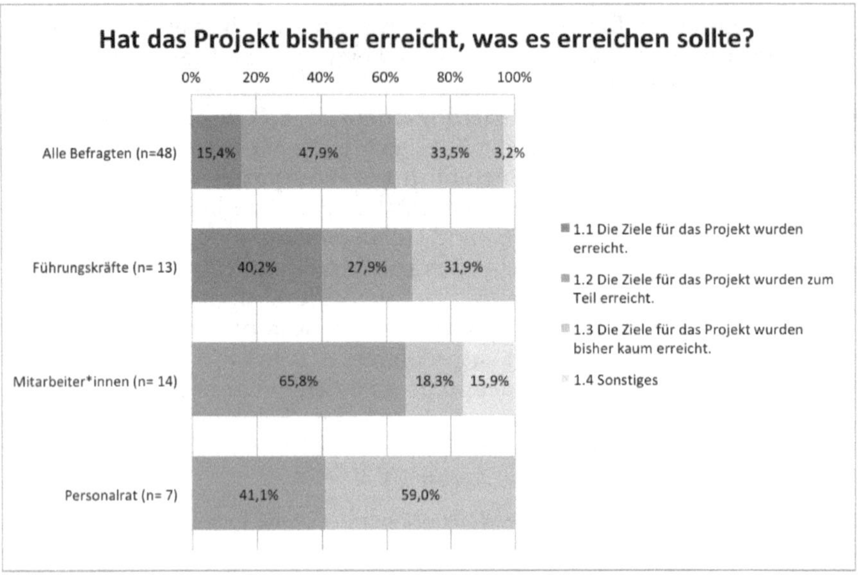

Hat das Projekt bisher erreicht, was es erreichen sollte?

0% 20% 40% 60% 80% 100%

Alle Befragten (n=48) 15,4% 47,9% 33,5% 3,2%

Führungskräfte (n= 13) 40,2% 27,9% 31,9%

Mitarbeiter*innen (n= 14) 65,8% 18,3% 15,9%

Personalrat (n= 7) 41,1% 59,0%

1.1 Die Ziele für das Projekt wurden erreicht.

1.2 Die Ziele für das Projekt wurden zum Teil erreicht.

1.3 Die Ziele für das Projekt wurden bisher kaum erreicht.

1.4 Sonstiges

Die Gruppendiskussionen im Anschluss an die Online-Befragung helfen, die Ergebnisse einzuordnen und zu interpretieren. In allen sieben Pilotverwaltungen wurde der Zielbildungsprozess im Projekt als äußerst mühsam erlebt. Insbesondere Führungskräfte mit Steuerungsverantwortung empfanden die Zieldefinition als eher belastend. Einmal definierte Ziele haben sich als ein *moving target* erwiesen: Immer wieder mussten Ziele verändert und angepasst werden.

Nun sind Änderungen im Projektverlauf in Change-Management-Prozessen nichts Ungewöhnliches, sie werden in der Literatur vielmehr als ein Standardphänomen von geplanten Change-Management-Projekten gehandelt. Nach Argyris und Schön (1978), die Veränderungslernen als double loop learning bezeichnen, müssen offizielle Ziele, Prozesse und Regeln (espoused theory) mit den gelebten Praktiken der Organisationsmitglieder (theory in use) in Einklang gebracht werden (Miebach, 2017, S. 491). Nicht immer können Entwicklungen im Voraus erkannt, exakt geplant und in Arbeitsschritte übersetzt werden. Das agile Projektmanagement hat daher die beständige Überprüfung und Anpassung von Projektzielen zum obersten Prinzip erklärt. Für die Projektteilnehmenden von FührDiV stellt diese Art der Projektsteuerung jedoch eine Herausforderung dar: Sie weicht nicht nur von den üblichen Routinen ab, wie folgendes Zitat eines Projektgruppenmitglieds deutlich macht: „....*wir [haben] das Bedürfnis, alles im Vorhinein genau zu planen und zu regeln, damit es perfekt wird. Hierbei diskutieren wir viel aus, ehe wir ins konkrete Umsetzen kommen.*“ (PV 5), sondern ist auch eher negativ konnotiert „*Wir haben unsere Ziele nicht erreicht.*“ (PV 1 und PV 6).

In den Gruppendiskussionen wird zudem klar, dass das eigenverantwortliche Definieren von Zielen für viele eine ungewohnte Aktivität ist, die als sehr zeitraubend und beschwerlich empfunden wird.

> *... das [die Zielfindungsphase] war ein notwendiger Prozess, aber er wird als quälend empfunden. Im Nachhinein denkt man, man hat Zeit verloren und in der Zeit hätte man auch schon etwas anderes machen können“ (PV 7).*

Als schwierig wurde die Zielformulierung vor allem deshalb empfunden, weil das Thema Digitalisierung der öffentlichen Verwaltung für viele sehr abstrakt und nicht greifbar war. In allen Pilotverwaltungen wurde problematisiert, dass vor allem in der Anfangsphase des FührDiV-Projekts ganz unklar war, was Verwaltung 4.0 konkret für den eigenen Arbeitsbereich heißen könnte.

> *„Wir sind ja auch auf grüner Wiese gestartet ohne Expertenwissen hatten wir keine großen Erwartungen, was nun passiert. [...]. Das war wie eine Ratlosigkeit, was jetzt passiert. [....] ‚Dann macht ihr jetzt mal‘. Wir wussten ja aber gar nicht, was wir machen sollen, weil das ja alles für uns neu war und grün war“* (PV 7).

Trotz der großen Anfangsschwierigkeiten kam es bei allen teilnehmenden Pilotorganisationen im Projektverlauf zu organisationalen Lern- und Entwicklungsprozessen, wie folgendes Zitat verdeutlicht:

> *„Die Organisation ... hat viel gelernt, aber es hat sich auch auf einer Metaebene das Organisationslernen verändert. Die Notwendigkeit, auch mal nachzulesen, sich thematisch weiterzubilden, zusätzliche Medien zu nutzen, um sich schlau zu machen, ist deutlich gewachsen während der letzten zwei Jahre. Da hat auch die Beschäftigung mit den Digitalisierungsthemen selbst beigetragen, aber das bezieht sich inzwischen auch auf andere Fragen. Es werden Podcasts genutzt, Links geschickt, die mehr oder weniger freiwillig dann gelesen werden oder auch demonstrativ gelöscht werden. Es ist eine stärkere Lebendigkeit in den Formen, wie man lernt und sich austauscht, entstanden.“ (PV 7).*

Vor diesem Hintergrund stellt sich nun die Frage, ob das Projekt eine Veränderung der Organisationskultur in den Pilotverwaltungen bewirkt hat. Der Begriff der Organisationskultur ist recht vielschichtig – zugrunde gelegt wird hier eine eher systemische Perspektive mit der Annahme, dass Kultur zwar durch äußere Impulse wie das FührDiV-Projekt beeinflusst, ein Kulturwandel jedoch weder zwangsläufig erfolgen muss noch in seiner Richtung gezielt gesteuert werden kann. Bei Organisationskultur handelt sich um geteilte Werte und Normen, die in die Denkweise, Einstellungen und Haltung der Organisationsmitglieder eingehen und als Orientierungsmuster im täglichen Handeln zum Ausdruck kommen (Bormann, & Millhoff, 2020, S. 51). Veränderungen dieser Orientierungsmuster stehen idealtypisch am Ende eines längerfristigen Prozesses. Haben sich nun Werte und Normen in den Pilotverwaltungen in Bezug auf den digitalen Wandel verändert? Mit den Ergebnissen unserer Online-Befragung können wir erste Schritte in Richtung eines kulturellen Wandels belegen. So stimmten 68 % der Befragten der Aussage zu: *„Immer mehr Beschäftigte sind dem digitalen Wandel und den damit verbundenen Organisationsreformen aufgeschlossen."* Allerdings stimmten 32 % dieser Aussage eher nicht oder überhaupt nicht zu. Aus den Gruppendiskussionen ging deutlich hervor, dass die Projektaktivitäten – zumindest in den beteiligten Dienststellen und Ämtern – zur Sensibilisierung und Aufgeschlossenheit für den digitalen Wandel beigetragen haben, wie die beiden folgenden Zitate verdeutlichen:

> *„Es hat sich im Fachbereich schon etwas verändert, aber eher bezüglich der Tatsache, ob die Bereitschaft da ist, kreative Lösungen zu finden, da durch das Projekt und den Workshop ein anderer Zugang vorhanden war." (PV 4).*
> *„Wenn es aber auf das Projekt bezogen sein muss, hat sich aber deutlich etwas verändert. Die Haltung in Bezug auf Veränderung ist nun deutlich offener. Es wird sich auch verändern. Es werden sich Prozesse verändern und es wird schneller, transparenter. Durch diesen Workshop konnte eine Offenheit erzeugt und erreicht werden." (PV 4).*

6.2 Projektergebnisse im Detail

6.2.1 Personal: Arbeitsbedingungen und Motivation der Beschäftigten

Veränderung der Haltung zu Digitalisierung

Das Projekt-FührDiV zeigte – zumindest für die an den Projektaktivitäten direkt Beteiligten -positive Auswirkungen auf die Beschäftigten. So berichten alle Projektgruppen von positiven Sensibilisierungseffekten, höherer Motivation und Neugier bei der Erprobung neuer Arbeitsformen. In der Online-Umfrage gaben 57,2 Prozent der Teilnehmenden an, dass die Motivation und das Engagement der Beschäftigten eine tragende Säule für die Arbeit im FührDiV-Projekt waren. Wertet man die Antworten getrennt nach Führungskräften und Beschäftigten aus, so zeigen diese sogar, dass es vor allem die Führungskräfte sind, die die Motivation und das Engagement der

Beschäftigten als einen zentralen Erfolgsfaktor betrachten: 81,7 Prozent der Führungskräfte, die an der Umfrage teilgenommen haben (13 Personen), führen den Projektfortschritt insbesondere auf die Motivation und den Einsatz der Beschäftigten zurück; nur in einem Fall wurde auf Widerstand und Desinteresse bei den Beschäftigten verwiesen, die den Projektfortschritt behinderten.

Abb. 5: Förderliche Bedingungen für die Zielerreichung

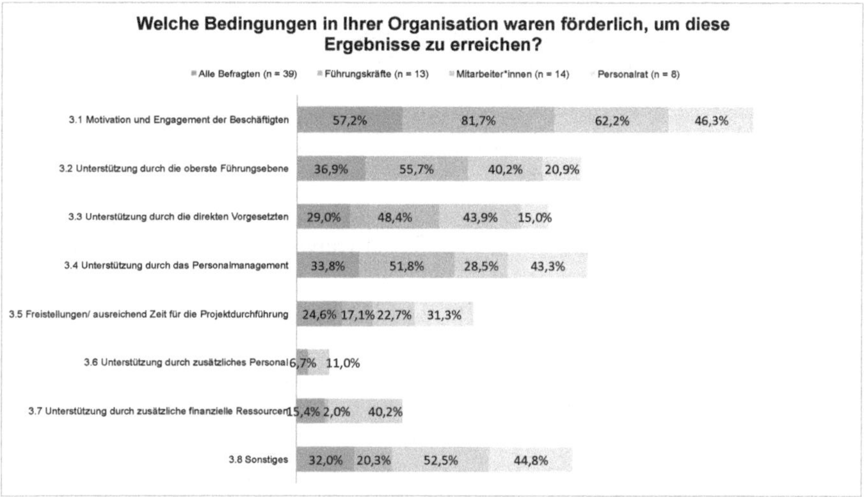

Auch in den Diskussionen mit den Projektgruppenmitgliedern wurde das Thema Motivation angesprochen:

> *„Das Format des Projektes war ein toller Impuls, da offener diskutiert werden konnte. Insbesondere durch den begleiteten Workshop, welcher zum richtigen Zeitpunkt kam, hat sich im Fachbereich sehr viel Interesse und Beteiligung herausgestellt, welche noch immer anhält.“* (PV 4).
> *„Der Workshop hat dazu geführt, dass überhaupt über dieses Thema geredet werden konnte und man merkte bei einigen Menschen, dass sich da tatsächlich etwas verändert, worüber vorher nie nachgedacht wurde. Besonders in den Blick kam die Frage, ob die Digitalisierung etwas an der eigenen Aufgabe verändern wird in den nächsten Jahren. Insofern hat sich diesbezüglich bei einzelnen, die vorher gar keine Gedanken in diese Richtung hatten, einiges getan.“* (PV 4).

Diese Effekte gelten jedoch nur für die Mitarbeiter*innen in den Projektgruppen sowie in ausgewählten Abteilungen/Arbeitsbereichen, in denen die neuen Maßnahmen und Instrumente erprobt wurden. In der Wahrnehmung vieler Befragten haben die FührDiV-Aktivitäten außerhalb der „Pilotbereiche“ nur geringe Wirkungen entfaltet. Ein großer Teil konnte den Nutzen, der sich durch die Umsetzung von Digitalisierungsvorhaben ergeben hatte, nicht eindeutig dem Projekt FührDiV zuordnen. Die Projektgruppen berichteten kritisch, dass das Thema „Digitalisierung“ für die Mitarbeiter*innen nicht unbedingt durch FührDiV, sondern eher durch externe Entwicklungen bzw. parallel laufende Digitalisierungsprojekte spürbarer und konkreter wurde.

> *„Die Welt hat die Verwaltung überholt und somit war das Interesse aber plötzlich deutlich größer, es wurde jedoch auch an verschiedenen anderen Strängen gearbeitet, die auch an dem eigentlichen Projekt vorbeigezogen sind und das am Ende wieder zusammenzuführen und das Thema weiterhin zu bearbeiten und dass der Austausch hierüber überhaupt stattgefunden hat, ist ein positives Zwischenergebnis, trotz der zwischenzeitlichen Schwierigkeiten.“ (PV 4).*

Die Beteiligung an den Projektaktivitäten wie z. B. Barcamps, agilen Arbeitsgruppen oder D-Gruppen war in der Regel freiwillig, was dazu führte, dass sich in der Regel nur Mitarbeiter*innen beteiligten, die ohnehin bereits große Offenheit für die Erprobung von innovativen Arbeitsformen zeigten.

> *„Ob alle Mitarbeiter die Digitalisierung als Chance sehen, kann ich nicht sagen. Von den 3000 MA sind ca. 100 zu den Bar-Camps und dem World-Café gekommen. Die Mitarbeiter, die sich dafür nicht interessieren, sind wahrscheinlich nicht gekommen.“ (PV 5).*

Veränderungskritische Beschäftigte blieben nach Aussage der Projektgruppen den Aktivitäten dagegen eher fern. Wir können somit davon ausgehen, dass es FührDiV gelungen ist, Veränderungsprozesse erfolgreich zu initiieren bzw. dort, wo bereits übergeordnete Digitalisierungsstrategien vorhanden waren, zu verstärken. Die für Change-Prozesse notwendige erste Phase des „Unfreezing“ (Lewin, 1947), d. h. die Öffnung und Motivation der Beschäftigten für Veränderung ist bisher nur in einzelnen Teilbereichen induziert worden – was aber in Anbetracht der Projektlaufzeit von nur 2,5 Jahren als angemessen erscheint.

Teamentwicklung: Förderung von Selbstorganisation und Eigenverantwortung

Im Arbeitsfeld Teamentwicklung ging es darum, die Selbstorganisation der Mitarbeiter*innen zu verbessern und eine höhere Eigenverantwortung zu ermöglichen. Dafür wurden in fast allen Pilotverwaltungen Lernformate für agile Arbeitsformen entwickelt. Ergebnisse sind Leitfäden zum agilen Arbeiten und verschiedene Workshop-Formate, um die Beschäftigten mit Methoden der agilen Teamarbeit vertraut zu machen, wie z. B SCRUM, Kanban und Design-Thinking. Dort, wo agile Teamarbeit bereits im Alltag erprobt werden konnte, wurde durchweg von positiven Erfahrungen berichtet:

> *„Die Mitarbeiter entscheiden nun viele Dinge selbst, ich als Führungskraft gebe nicht mehr so viel Input und kontrolliere auch weniger." (PV 5).*
> *„In den Teams sollen abgewandelte SCRUM-Methoden erprobt werden, z. B. Projektsprints in verschiedenen Unterprojekten. Ziel ist es, verschiedene Methoden des agilen Arbeitens zu erproben. Ein großer Gewinn in diesem Projekt ist, dass die Mitarbeiter von Anfang an einbezogen wurden und die Führungskräfte dadurch entlastet wurden." (PV 5).*

Ein Beispiel, dass auch kleinere strukturelle Veränderungen Autonomiespielräume und Eigenverantwortung der Mitarbeiter*innen befördern können, zeigt sich bei der Pilotverwaltung 1. Dort können sich Beschäftigte für mobiles Arbeiten in einen Online-Kalender eintragen, ohne sich vorher mit der Führungskraft abzustimmen:

> *„Ansonsten weiß ich aus einem anderen Pilotbereich, dass die Abwesenheit im Team, Mobiles Arbeiten, Telearbeit Thema ist. Immer die Führungskraft zu fragen, ob man das nun darf und dann auf eine Rückmeldung zu warten, das läuft nun über einen Kalender, damit es transparent ist und man weiß, wer wann wo ist. Das ändert natürlich auch die Zusammenarbeit, weil es darum geht, eher nur die Führungskraft zu informieren. ‚Ich arbeite dann mobil unter der Voraussetzung, dass die anderen Termine gehalten werden' und nicht um Erlaubnis dafür zu bitten." (PV 1).*

Dass durch FührDiV Handlungsspielräume der Beschäftigten erweitert werden konnten, zeigen auch folgende Aussagen:

> *„Das [der teilnehmende Pilotbereich] war eh ein Vorreiter, der schon weit vorne ist und der dann profitiert hat von der Welle und nochmal unterstützt wurde. Das ist sozusagen in der Zusammenarbeit entstanden, dass die viel ausprobiert haben, sind partizipativer geworden und handlungsorientierter." (PV 1).*
> *„Es ist nicht mehr so, dass die Führungskraft immer sagt, was wer wann tun muss, sondern man selber schaut, was anliegt, wo eine sinnvolle Sache wäre, sodass man dann zu der Führungskraft geht und Ideen äußert und bespricht, was davon zu machen wäre. Da gibt es natürlich auch Aufträge, die von weiter oben aus der Hierarchie kommen, die natürlich umgesetzt werden, aber man kann auch selber schauen, was vorangebracht werden könnte." (PV 1).*

Die Beispiele zeigen jedoch auch, dass sich die Selbstorganisation der Mitarbeiter*innen in den untersuchten Teilbereichen der Verwaltung auf einer niedrigen Stufe bewegt – das Team löst zwar gemeinsam Aufgaben, kann sich die Ziele aber nur in einem begrenzten Umfang selbst setzen. Die höchste Stufe der Selbstorganisation, bei der sich das Team komplett selbst führt, seine Ziele selbst definiert und eigenverantwortlich weiterentwickelt (Hofert, 2018, S. 127 f.), ist nur für ein begrenztes Aufgabenspektrum umsetzbar, z. B. für die Verbesserung von Prozessen der Arbeitsorganisation oder der Entwicklung und Erprobung neuer Lösungswege. Bei den alltäglichen Aufgaben im Bereich der Sachbearbeitung stößt diese Form der Arbeitsgestaltung jedoch schnell an ihre Grenzen.

Entwicklung digitaler Kompetenzen

Die IST-Analyse brachte zutage, dass digitale Kompetenzen in den teilnehmenden Pilotverwaltungen eher gering ausgeprägt sind. In drei Pilotverwaltungen (PV 1, PV 5 und PV 7) gehörte daher die Entwicklung von zukunftsweisenden IT-Kompetenzen explizit zu den Projektzielen von FührDiV. Die Mitglieder in den Projektgruppen betonten, dass es dabei nicht nur um IT-Kompetenzen im engeren Sinne geht, sondern vor allem auch um soziale Kompetenzen, die sich nicht einfach durch eine Fortbildung erwerben lassen, wie z. B. zukünftig maschinell gesteuerte Entscheidungsprozesse kritisch zu hinterfragen oder die Fähigkeit zur politischen Auseinandersetzung mit digitaler Meinungsbildung (Wendel, 2019, S. 232). Dies gilt vor allem für die Führungskräfte, wie folgendes Zitat veranschaulicht:

> *„Da geht es einerseits darum, um Führungskräfte, die wir schon haben und wie die es schaffen, dass sie fit werden für die Digitalisierung, und wie kriegen wir da auch die Führungskräfte, die wir brauchen. Da geht es mehr um soziale Kompetenzen als um diese rein fachlichen, weil rein fachlich kann man ja alles erlernen, aber wenn man halt kein Vordenker ist, da gibt es keine Fortbildung dafür." (PV 1).*

In den Gruppendiskussionen in den Pilotverwaltungen PV1 und PV 5 wurde deutlich, dass digitale Kompetenzentwicklung für die Personalentwicklung einen hohen Stellenwert hat. So experimentierte die PV 1 mit unterschiedlichen Workshop-Angeboten für unterschiedliche Zielgruppen, z. B. ältere Beschäftigte oder Digital Natives, machte dabei jedoch die Erfahrung, dass sich andere Beschäftigtengruppen ausgeschlossen fühlten. Neue Lernformen wie arbeitsplatzbasiertes Lernen wurden mit den Experimentierräumen in PV 2 und PV 5 geschaffen, wo z. T. in agiler Teamarbeit innovative Entwicklungen und Sonderprojekte vorangetrieben werden.

6.2.2 Führung: Die Rolle der Führungskräfte als Gestalter des digitalen Wandels

Neues Arbeiten in einer digitalen Welt braucht vor allem die Unterstützung von oben. Statt auf die Durchsetzung formaler Weisungsbefugnis setzen Führungskräfte als *Change Agents* jedoch auf die Motivation und Förderung von Eigeninitiative ihrer Mitarbeiter*innen und nehmen damit eine Schlüsselposition für die Gestaltung der digitalen Transformation ein. Auch in den von uns untersuchten Pilotverwaltungen konnten wir solche Change Agents finden. Es handelt sich dabei um Mitglieder in den Projektgruppen, die sich mit überdurchschnittlichem Engagement für die nachhaltige Verankerung der FührDiV-Aktivitäten einsetzen. Meist stehen diese Personen nicht an oberster Stelle in der Hierarchie, oftmals sind sie jedoch innerhalb der Gesamtorganisation sehr gut vernetzt und verstehen, ihre Anliegen an der richtigen Stelle zu platzieren. In den Projektgruppen waren dies z. B. Dezernats-, Fachbereichs- und Amtsleitungen, in einem Fall auch die Inhaberin einer Stabsstelle für Digitalisierungsprojekte.

Inwiefern ist es dem Projekt FührDiV gelungen, Führungskräfte mit neuen Formen der Führung vertraut zu machen? Wurde in den Pilotverwaltungen über transformationale Führungsinstrumente, Führungsaufgaben und Führungsrollen nachgedacht?

Laut Projektbeschreibung sollte die Bearbeitung von Herausforderungen des „virtuellen Führens" und der daraus resultierende Wandel von Führungsrollen und Führungskultur im Zentrum der Projektarbeit stehen (s. Kap. 4). Insgesamt kommen wir zu der Einschätzung, dass die Pilotverwaltungen dem Thema „Führung" deutlich weniger Bedeutung beigemessen haben, als dies im Rahmen des Change-Management-Prozesses eigentlich vorgesehen war. In einer Pilotverwaltung konstatierten die Teilnehmenden, dass Führungsthemen nur am Rande behandelt wurden:

> *„Auffällig war immer wieder, dass es eigentlich ‚Führung der digitalisierten öffentlichen Verwaltung' heißt, aber das Thema Führung war in dem Projekt nicht immer präsent. ... Hierbei wäre es schön gewesen, wenn der Fokus mehr auf der Führung gelegen hätte." (PV 4).*
>
> *„Laut dem Titel lag der Fokus klar auf Führung, dies wurde jedoch sehr vermisst, da sich damit kaum beschäftigt wurde und dafür viel mehr mit Digitalisierung." (PV 4).*

Alle Pilotverwaltungen entwickelten Qualifizierungsangebote und handlungsleitende Konzepte für Führungskräfte, wie z. B. eine Seminarreihe mit den Themen Agiles Arbeiten, Führung auf Distanz und Gesundheit (PV 5), eine Führungskräfte-Werkstatt (PV 3), Impulsvorträge und Dialogforen zu Führungskompetenzen (PV 1, PV 2, PV 4, PV 6) sowie einen Leitfaden für „Gute Führung" (PV 4). Somit liegt auf der Output-Ebene eine Reihe von Schulungskonzepten vor, die bisher jedoch nur in vereinzelten Bereichen der Verwaltungen zum Einsatz kamen. Noch schwieriger wird es, Aussagen zu möglichen Wirkungen (Outcome) zu treffen (vgl. Kap. 4.3). Wirkungen von Trainings- und Qualifizierungskonzepten lassen sich auf den vier Ebenen 1. Reaktion, 2. Lernerfolg, 3. Verhalten und 4. Wirkungen überprüfen

(Kirkpatrick & Kirkpatrick, 2006, S. 21 ff.). Von der ersten bis zur vierten Ebene, die aufeinander aufbauen, nehmen sowohl der Aufwand als auch der Schwierigkeitsgrad für die Messbarkeit zu. Nach Ende der Projektlaufzeit können eigentlich im Wesentlichen nur Effekte auf der ersten Ebene der Reaktion festgestellt werden, nur vereinzelt kommt es auch zu Lernerfolgen (2. Ebene).

Reaktion: Impulse durch Qualifizierungsangebote und handlungsleitende Konzepte

> *„Also bei den Barcamps war es so, dass das Ziel des Ganzen war … mit allen Führungskräften der zweiten und dritten Führungsebene eben diese Barcamps zu machen. Wir haben da ganz viele tolle Ergebnisse und Impulse bekommen. Z. B. Führen auf Distanz als Thema, da es ein Thema ist, das beleuchtet werden muss."* (PV 5).

Allerdings betonen die Mitglieder der Projektgruppe auch, dass die im Projekt entwickelten Materialien lediglich als Auftakt für einen länger andauernden Veränderungsprozess zu verstehen sind:

> *„Im Entwurf gibt es etwas zum Thema ‚was braucht man eigentlich als Führungskraft'. Das ist aber noch nicht abgeschlossen, damit werden wir hinterher weiterarbeiten. Das sind fünf fertige Papiere und Planungshilfen."* (PV 1).
> *„Ich als Führungskraft habe noch keine Handlungsanleitung, wie ich in der digitalisierten Welt anders führen sollte. Wenn das das Ziel war, muss ich sagen, dass ich zwar Anregungen bekommen habe, aber es für mich nicht abgeschlossen ist."* (PV 5).

Lernerfolg: Auf dem Weg zur transformationalen Führung

Im Rahmen unserer Erhebung konnten wir Anhaltspunkte für Lernerfolge im Sinne einer veränderten Grundhaltung der Führungskräfte feststellen. Vereinzelt wurde davon berichtet, dass Aspekte transformationaler Führung wie non-direktive Führung, die Förderung von Kreativität und Teamgeist sowie die Anregung zu eigenständigem Arbeiten in die Alltagspraxis von Führungskräften Einzug gehalten haben. Die Führungsaufgabe ist demnach nicht mehr als Position zu verstehen, sondern nur noch als eine Rolle unter vielen. Dies erfordert die Bereitschaft der Führungskraft, Gestaltungsmöglichkeiten an die Mitarbeiter*innen und damit auch Macht abzugeben (Steuck, 2019, S. 32). Eine Führungskraft aus der PV 7 berichtet über die Schwierigkeit, mit der Neuverteilung von Verantwortungs- und Entscheidungsbefugnissen umzugehen:

> *„Der Aspekt, den wir dazu beitragen könnten, war höchstens der, dass wir angeregt worden sind, agiler zu agieren, auch im eigenen Laden. Das berührt natürlich auch Führung oder die Rolle von Führung. Es hat sich was verändert. Ich musste ständig*

während dieser zwei Jahre innerlich austarieren, wo ich Leitung bin und sage, wo es lang geht und wo argumentiere ich vorsichtig in der Hoffnung darauf, dass es ankommt.“ (PV 7).

In einer anderen Pilotverwaltung berichtete ein Projektgruppenmitglied von einem Abteilungsleiter, der darüber nachdenkt, was es bedeutet, Handlungsspielräume für die Beschäftigten zu erweitern:

„Er [Abteilungsleiter] hat dann im Rahmen von FührDiV auch einen Workshop zum Thema ‚Was für eine Haltung prägt uns eigentlich in Abteilungen?‘ besucht und hat dann darauf zugesteuert, dass wir nicht mehr darüber nachdenken, wie viele zuständig sind, sondern wir denken, was wir beitragen können. Das ist auf den Punkt gebracht, was auch unsere Amtsleitung immer wieder zitiert und ich glaube mehr oder weniger, das ist auch eine gefundene Digitalstrategie. Da hat eine Erkenntnis von FührDiV heraus geleuchtet, die gut ist, aber ich glaube, niemand weiß, dass das Ergebnis aus FührDiV kommt.“ (PV 1).

Weitere Hinweise auf die Umsetzung eines innovativen Führungsverständnisses finden sich in den Antworten der Online-Befragung. Hier wurden folgende Veränderungen von den Befragten benannt:

- Mehr Offenheit bei den Führungskräften für kreative Lösungen
- Führungskraft als Enabler, die Handlungsspielräume ermöglicht, Förderung von Selbstverantwortung in Teams
- Gute Zusammenarbeit zwischen Führungskräften und Beschäftigten auf Augenhöhe in agilen Teams
- Erarbeitung neuer Formen der Zusammenarbeit mit der Führungskraft in einem Kleinstprojekt
- Anregungen aus dem Projekt, das Thema Führung neu zu denken, wirkte sich auf das eigene Verständnis aus

Zusammenfassend kann festgestellt werden, dass die Evaluationsergebnisse auf erste Lernerfolge beim Führungsverständnis hinweisen. Langfristige Wirkungen, die zu Veränderung von Haltung und damit auch zu Verhaltensänderungen in der täglichen Arbeitspraxis führen, sind in den meisten Pilotverwaltungen bisher noch nicht eingetreten. In den Gruppendiskussionen kam vereinzelt zur Sprache, dass das Thema „Führung in der veränderten Arbeitswelt“ zwar präsent sei, es aber nach wie vor an elementaren Regeln fehle.

Ob sich in den Pilotverwaltungen ein transformationales Führungsverständnis nachhaltig etablieren wird, hängt davon ab, inwiefern die durch das FührDiV-Projekt geschaffenen Strukturen und Angebote ihre Wirksamkeit über das Projektende hinaus entfalten können. Hier sei noch auf die unterstützende Funktion der Personalentwicklung hingewiesen, die durch innovative Lehr- und Lernformate die Kompetenzentwicklung von Führungskräften befördern kann. Allerdings reichen Schulungsangebote und Workshops bei Weitem nicht aus. Umso wichtiger ist es, aus den derzeit bestehenden Projektgruppen Promotor*innen zu gewinnen, die aus zentralen Schlüsselpositionen heraus den Kulturwandel weiter vorantreiben.

6.2.3 Kommunikation

Neue Wege in der internen und externen Kommunikation

Hat das Projekt FührDiV die Art und Weise, wie Organisationsmitglieder nach innen und nach außen kommunizieren, verändert? Die Ausgangslage zeigte ein für die öffentliche Verwaltung typisches Bild geringer Digitalisierung – außer E-Mail-Verkehr und Internet wurden in den meisten Pilotverwaltungen so gut wie keine digitalen Kommunikationsmedien genutzt. Im Rahmen von FührDiV ergriffen die Pilotverwaltungen die Initiative, Webseiten zu aktualisieren, Info-Videos zu Digitalisierungsthemen zu drehen oder Smartphones als neuen Kommunikationskanal nach außen zu nutzen. Mindestens genauso wichtig wie die Kommunikationstechniken sind soziale Kommunikationsformen und -wege, die zu schnelleren Entscheidungen und mehr Eigenverantwortung der Beschäftigten führen, wie z. B. zweiseitige Kommunikation oder Kommunikation auf Augenhöhe zwischen Mitarbeiter*in und Führungskraft (s. Kap. 3). Hierzu konnten wir in den Pilotverwaltungen zahlreiche gute Praxisbeispiele in Form von kollaborativen Veranstaltungsformaten finden. In Barcamps, Design-Thinking-Workshops oder World-Cafés wurden Wege der zweiseitigen Kommunikation erprobt.

> *„Bisher war es eher eine einseitige Kommunikation. Die Abteilungsleiter wurden mehr oder weniger betextet, es kam so gut wie keine Rückmeldung in dem Moment. Das Gleiche passiert ja eigentlich auch, wenn Informationen über das Internet weitergegeben werden. Das machen wir heute anders mit verschiedenen Instrumenten, wie z. B. Barcamps. Da hat sich schon so einiges getan. Wir haben natürlich immer noch auch einseitige Informationen, aber wir arbeiten daran." (PV 5).*

Um wechselseitigen Informationsfluss nach dem Prinzip der kommunizierenden Röhren besser zu gewährleisten und die Mitarbeiterschaft für Digitalisierungsthemen zu begeistern, hat die PV 5 zudem für jedes Dezernat Digitalisierungslotsen benannt. Das Konzept trägt dem Umstand Rechnung, dass der digitale Reifegrad in jedem Team oder jeder Abteilung unterschiedlich hoch ausgeprägt sein kann (Hofert, 2018, S. 158). Hier können die Lotsen an den individuellen Bedarf angepasste Beratungsleistungen erbringen.

Aufgabe der Lotsen ist es, die Beschäftigten bei Digitalisierungsprozessen zu unterstützen sowie neue Ideen und kritische Hinweise der Beschäftigten aufzunehmen. Während sich zunächst digital-affine Mitarbeiter*innen freiwillig für diese Funktion melden konnten, gingen die Dezernate später dazu über, gezielt nach älteren Beschäftigten zu suchen. Damit verbunden war die Annahme, dass ältere Lotsen als „Vorbild" die Gruppe der älteren Belegschaft schneller an Themen der Digitalisierung heranführen könnten.

Nach kurzer Zeit stellte man jedoch fest, dass es einer auf Dauer gestellten professionalisierten Referentenstelle auf Dauer bedarf, um „Themen rauf und runter zu transportieren, für Themen zu werben, zu aktivieren in den Dezernaten und eben das Sprachrohr zu sein [...] Die Lotsen sind dann in ihren jeweiligen Abteilungen in den Dezernaten präsent und geben auch Informationen weiter, weil wir einfach merken, dass das Intranet ein Kommunikationskanal ist, der aber nicht reicht, da nicht jeder alles liest oder kann, eben in der Masse auch nicht alles wahrnehmen. Somit werden die Lotsen momentan eher als Kommunikationskanal genutzt, was aber auf Dauer zu wenig ist. Er sagt eben, was ansteht, was schon gemacht wurde, wo Problemstellungen in den Abteilungen vorhanden sind, die im Kontext der Digitalisierung gelöst werden sollen, da die von unten generiert werden sollen. Da sind die Lotsen eben nah am Puls der Zeit und können Themen hochbringen" (PV 5).

Kommunikation verändert sich durch neue Arbeitsformen wie z. B. agile Teamarbeit oder mobiles Arbeiten. In diesen organisationalen Settings treten Weisungsbefugnis und Kontrolle als zentrale Steuerungsinstrumente in den Hintergrund. Umso wichtiger wird aber eine klare und transparente Kommunikation nach festen Regeln. In der PV 1 wurden solche Regeln im Rahmen des FührDiV-Projektes erstellt. Mobiles Arbeiten wird nun im Rahmen einer Dienstvereinbarung geregelt, die Projektgruppe hat zudem noch eine Handlungshilfe für Führungskräfte entwickelt, um mittels Outlook die mobilen Arbeitszeiten im Team zu managen. Zum Projektende hin konnte der Anspruch auf mobiles Arbeiten noch nicht flächendeckend in den betreffenden Pilotverwaltungen eingelöst werden, allerdings bot sich dadurch die Chance, herauszufinden, für welche Teilbereiche und Aufgaben sich diese Arbeitsform eignet.

Zusammenarbeit mit dem Personalrat

Das Projekt FührDiV bearbeitete Fragen der Digitalisierung und Führung in mitbestimmungs- und beteiligungsorientierten Verfahren. Sowohl in der Online-Befragung der Projektgruppen als auch in den vertiefenden Gruppendiskussionen wurde die gute Zusammenarbeit zwischen Verwaltungsleitung und Personalrat hervorgehoben, wie folgende Zitate zeigen:

„... FührDiV hat natürlich die Einbeziehung auch des Personalrats [...] sicherlich schon als Ansatz [ein]gebracht und eine gewisse Art von Treiber-Funktion gehabt [...] mit all den Schwierigkeiten, die am Anfang waren“ (PV 5).

„Wir hatten eine gute Einbindung des Personalrates, denn Frau X als Projektleitung ist Personalratsvorsitzende. Daneben haben wir den Gesamtpersonalrat, den Ausbildungspersonalrat ... Manchmal hatten wir den Eindruck, dass sie mehr begleitend kommentierend dabei waren. Manchmal haben sie diese Rolle aber auch vergessen und haben dann doch richtig mitgearbeitet.“ (PV 7).

Die Evaluationsergebnisse zeigen zudem, dass nicht nur Führungskräfte, sondern auch Personalräte Input zu Digitalisierung und Diskussionsformaten benötigen, um eigene Positionen und entsprechende Handlungsstrategien zu entwickeln. Der Gesamtpersonalrat der PV 4 hat das Projekt FührDiV als Anlass genutzt, um in einem ersten Workshop die Herausforderungen im Kontext von Führung und Digitalisierung aus Sicht der örtlichen Personalräte zu diskutieren und wichtige Fragen zur Auswirkung auf die Personalratstätigkeit zu sammeln. In einem Positionspapier formulierte der Gesamtpersonalrat Ziele und Grundsätze, wie „gute digitale Arbeit“ im Veränderungsprozess befördert werden sollte.

Auch aus Sicht der Personalräte stellt sich die Frage, wie die in FührDiV geschaffenen Strukturen und Angebote ihre Wirksamkeit über das Projektende hinaus entfalten können.

„Regelmäßige Treffen wird aus dem Personalrat keiner weitermachen. Ich bin sowieso ab 1. Juli nicht mehr hier, ich gehe in Rente. Ich glaube nicht, dass jemand anders dann interessiert ist, sich auf FührDiV bezogen regelmäßig zu treffen“ (PV 1).

Als positives Ergebnis des FührDiV-Projektes wurde in der Online-Befragung u. a. auch die Vernetzung mit Personalratsmitgliedern aus den anderen Pilotverwaltungen genannt.

6.2.4 Organisation: Digitalisierung als Aufgabe der Organisationsgestaltung

Die digitale Transformation der öffentlichen Verwaltung hängt nicht zuletzt davon ab, ob auf der organisationalen Ebene die entsprechenden Voraussetzungen geschaffen werden. Dies ist vor allem eine Aufgabe des normativen Managements, der Ausgestaltung von Strukturen und Prozessen sowie der Förderung eines innovations- und lernfreundlichen Klimas.

Normatives Management: Werte und Prinzipien

Wurde bei der IST-Analyse zu Beginn des FührDiV-Projektes noch sehr klar deutlich, dass es in **keiner** Pilotverwaltung verbindliche Werte und Prinzipien zum Themenfeld Digitalisierung gibt, so ist im Verlauf des Projektes Bewegung in dieses Handlungsfeld gekommen. Bei den Gruppendiskussionen der Abschlussevaluation konstatieren die Projektgruppenmitglieder aller Pilotverwaltungen, dass das Projekt FührDiV mit dazu beigetragen hat, organisationsinterne Diskussionsprozesse über die Anpassung der organisationalen Leitlinien an die fortschreitende Digitalisierung zu initiieren. Vielfach wurden hierfür auch neue, dem agilen Projektmanagement entlehnte Formate wie z. B. Barcamps, Szenario Workshops, Design Thinking und World-Café genutzt.

Ein konkretes Ergebnis zum Thema verbindliche Werte und Prinzipien zur Gestaltung der Digitalisierung konnte während der Projektlaufzeit in der PV 5 erzielt werden. Hier wurde eine Rahmen-Dienstvereinbarung zur Gestaltung des digitalen Wandels verabschiedet, die eine Experimentierklausel enthält. Die Experimentierklausel stellt in Rechnung, dass nicht alle Auswirkungen der Digitalisierung auf die Organisation bereits zu Beginn von Veränderungsprojekten vorhersehbar sind und eröffnet vor diesem Hintergrund die Möglichkeit der befristeten Ausnahmen von Dienstanweisungen und -vereinbarungen. So bleibt die mitbestimmungs- und beteiligungsorientierte Organisationskultur erhalten, ohne dass Entwicklungsprozesse verhindert werden.

Veränderung von Organisationsstrukturen

Eine gelingende digitale Transformation der öffentlichen Verwaltung ist zum Zweiten eine Frage der Gestaltung von Organisationsstrukturen. Hier kann auf das positive Beispiel der PV 5 verwiesen werden. Mit der Einrichtung von fünf Digitalisierungs-Gruppen (D-Gruppen) wurde hier eine Matrixorganisation geschaffen, mit der sämtliche Digitalisierungsideen und -vorhaben quer zu Hierarchie und fachlich interdisziplinär organisiert und begleitet werden. Dabei ist jede Gruppe für eine bestimmte Prozessphase verantwortlich, wobei die Phasen nicht streng linear abgearbeitet werden, sondern eher parallel nebeneinander laufen. So beginnt die Gruppe D1 mit der Prozessplanung, die Gruppe D2 kümmert sich um die technische Entwicklung z. B. einer Softwarelösung und Gruppe D3 hat die Aufgabe, Qualifizierungsbedarfe zu erheben und Personalressourcen einzuplanen, falls die neue Idee zu einer Veränderung führt. Die Gruppe D4 koordiniert die interne Kommunikation des Veränderungsprozesses innerhalb der Verwaltung und D5 ist für Innovation und Entwicklung zuständig. Alle Gruppen sind sowohl hierarchieübergreifend als auch fachlich interdisziplinär besetzt, d. h. es arbeiten in der Regel Mitarbeiter*innen aus unterschiedlichen Abteilungen und Fachrichtungen zusammen, was von diesen grundsätzlich positiv bewertet wird:

> *„Sehr positiv finde ich die Probierlabore (D-Gruppen), die Möglichkeit, sich über die Hierarchien hinweg mit Experten auszutauschen, jedermann kann seine Ideen platzieren. Die Hierarchien wurden in gewisser Weise aufgebrochen. Wir können nun mehr experimentieren, die Wege müssen nicht mehr so strikt eingehalten werden“* (PV 5).

In zwei Pilotverwaltungen gingen mit der Einführung agiler Arbeitsformen strukturelle Veränderungen einher. Die PV 2 hat mit dem dualen Betriebssystem eine Struktur geschaffen, in der agile Projektarbeit mit der klassischen Hierarchie verbunden wird (vgl. dazu ausführlich Kap. 4.3). Die agilen Teams agieren als sogenannte Innovationsinseln in einer interdisziplinär besetzten und gleichberechtigten Teamstruktur, in der die einzelnen Mitglieder verschiedene Rollen übernehmen. Statt eines vorab klar definierten Ziels wird ein Thema oder ein Problem fokussiert und in kleinen Schritten (Sprints) mit festgelegten Rückkopplungen zur Auftraggeber*in abgearbeitet. Die Projektgruppe entscheidet in der Regel eigenständig, an welchen Themen sie weiterarbeiten möchte. Im Rahmen von FührDiV wurde das duale Betriebssystem vorerst in einem Teilbereich der Pilotverwaltung erprobt.

In der PV 3 ist das agile Betriebssystem nicht nur eine ‚Insel‘, sondern umfasst den Großteil der Organisation. Im Projekt FührDiV und in weiteren OE-Projekten wurden die bereits eingesetzten Methoden des agilen Arbeitens weiterentwickelt. Über Qualifizierungen und Handlungshilfen zum agilen Arbeiten im digitalen Kontext wurde ein Haltungswandel bei den Beschäftigten initiiert. Daraus entstanden Ideen, wie zukünftige Führungsrollen in einer stärker netzwerkartigen Struktur definiert werden könnten. Die PV 3 strebt in diesem Kontext den Übergang von einer klassisch hierarchischen Struktur zu einer hybriden Organisationsform an und setzt innerhalb der Organisationseinheiten und Prozessketten sowohl traditionelle Führung als auch geteilte Führung ein. Mit den neuen Strukturen entstanden jedoch auch Folgeprobleme, wie z. B. die Eingruppierung von Beschäftigten, da die häufig wechselnden Rollen in der agilen Projektarbeit nicht kompatibel mit dem Tarifgefüge des öffentlichen Dienstes sind. Unter dem Dach von FührDiV konnte die PV 3 ein Teil des Problems mit der Schaffung des neuen Berufsbilds „Scrum-Master“ mitbestimmungs- und beteiligungsorientiert lösen.

Weitere Maßnahmen mit potenziell strukturbildender Wirkung sind Handlungshilfen, die im Rahmen des FührDiV-Projektes erarbeitet wurden, wie z. B. Leitfäden zur Trennung von Freizeit und Beruf, zum Arbeiten in virtuellen Teams, zum agilen Kulturcheck oder zur Vermeidung von unbewussten Benachteiligungen. Ob strukturelle Wirkungen tatsächlich eintreten, hängt letztlich davon ab, mit welcher Reichweite und Intensität diese Instrumente in der Verwaltung zum Einsatz kommen.

Innovations- und Organisationslernen

Neben der Frage der Organisationskultur und der Organisationsstruktur ist auch die Frage des Organisationslernens von Bedeutung für die digitale Transformation. Hierfür ist innerhalb der Verwaltung ein Klima zu schaffen, das zum Austausch und kollaborativen Lernen der Mitarbeiter*innen einlädt. Die Personalentwicklung sollte deshalb Gelegenheiten schaffen, damit sich die Beschäftigten eigenständig Wissen und Kompetenzen sowohl in formellen als auch informellen Settings erschließen können. Insgesamt gaben bei der Abschlussevaluation zwei Drittel der Projektgruppenmitglieder an, dass durch das Projekt FührDiV der Stellenwert von Organisationslernen in ihrer Verwaltung gestiegen ist.

Zum konkreten Projektgegenstand wurde das Thema Organisationslernen vor allem in einer Pilotverwaltung, in der sogenannte Innovationsinseln und Innovationslotsen eingeführt wurden. Innovationsinseln sind agile Teams, in denen motivierte Beschäftigte auf freiwilliger Basis – sie haben sich auf amtsintern ausgeschriebene Positionen beworben – an der Lösung bestehender Probleme und der Entwicklung neuer Organisationsgestaltungsideen arbeiten. Die Beschäftigten sind mit einem klar definierten Teil ihrer regelmäßigen Arbeitszeit in die agilen Teams eingebunden (i. d. R. 20 Prozent) und bearbeiten in der verbleibenden Zeit reguläre Arbeitsaufgaben. Das agile und das hierarchische Betriebssystem werden so miteinander verknüpft und es entsteht ein ‚duales Betriebssystem' (Kotter, 2014). Die Innovationslotsen wiederum sollen sicherstellen, dass das Streben nach Innovationen auf Dauer ermöglicht wird und sich immer neue agile Teams gründen. Die Aufgabe der Innovationslotsen ist es, wie oben bereits beschrieben, agile Teams zusammenzustellen, sie in der Projektarbeit zu begleiten und Schnittstellen zu den Führungskräften in der Hierarchie herzustellen.

Auch der Einsatz digitaler Moderationsinstrumente wie interaktive Präsentationssoftware führte in der Belegschaft zu neuen Lernerfahrungen:

> *„Mir fällt noch die Mentimeter-Methode ein, die Anklang gefunden hat ... Der Personalrat, die ganze Personalversammlung war ausgerichtet auf die Mentimeter-Abfrage im Vorfeld, Leute zu fragen, wie es ihnen geht und was ihre Themen sind, damit es dann dort eingebracht und an die Wand geworfen wird. Das ist auch eine gute Art, die Personalversammlung als Lernort zu gestalten, da hat sich also was geändert. Das ist schöner als vorher."* (PV 1).

Eine innovative Form des Lernens fand im Rahmen von Lernexkursionen bei der PV 2 statt. Dort haben sich Mitglieder der Projektgruppe agile Methoden in Unternehmen der Privatwirtschaft angeschaut und Inspirationen für die eigene Umsetzung eingeholt.

> „*Also wir fangen ja jetzt an, viel agil zu arbeiten bzw. viele Methoden kennenzulernen und zu gucken, wie wir das für uns und unsere Organisation umsetzen können und sind dafür auch ganz viel unterwegs, auch bei Privatunternehmen. Letztens waren wir z. B. bei Daimler und haben uns angeguckt, wie organisieren die eigentlich ihre eigenen Arbeitsmethoden. Und da haben wir auf jeden Fall viel von gelernt.*" (PV 2).

Die oben beschriebene Rahmendienstvereinbarung zur Gestaltung des digitalen Wandels ist ein Instrument, mit dem auch gezielt Anreize zur Förderung des Organisationslernens gesetzt werden können. Dafür bedarf es jedoch eines förderlichen Umfelds und einer vorhandenen Kultur des Ausprobierens, damit die Organisationsmitglieder auch tatsächlich davon Gebrauch machen. In den Diskussionen mit den Projektgruppenmitgliedern wurde jedoch häufig darauf hingewiesen, dass es oftmals schwierig ist, neben dem Alltagsgeschäft ausreichend Zeit für das Ausprobieren innovativer Lösungen zu finden.

Die Evaluation zeigt, dass durch FührDiV auf der Output-Ebene eine Vielzahl von konkreten Produkten, Instrumenten, Handlungshilfen und Veranstaltungsformaten zur Gestaltung digitaler Veränderungsprozesse entstanden ist. Auf der Outcome-Ebene finden sich in allen Pilotverwaltungen positive Reaktionen und erste Lerneffekte bei Führungskräften und Mitarbeiter*innen. Dabei kommen alle Projektgruppen übereinstimmend zum Ergebnis, dass das Projekt FührDiV nach anfänglichen Schwierigkeiten, eigene Schwerpunkte zu setzen, als starker Treiber für z. T. schon vorhandene Digitalisierungsthemen gesehen wird:

> „*... FührDiV ist für uns nicht nur, dass wir uns andere Konzepte angucken, sondern dass wir diese auch umsetzen. Und da ist FührDiV schon ein Treiber für uns gewesen, dass wir z. B. unser eigenes Innolab machen. Das heißt, wir haben jetzt so einen eigenen Raum geschaffen, den wir jetzt kreativ gestalten, also anders als andere Besprechungsräume, einfach mal ein kreatives Denken auch zu fördern und andere Ansätze umzusetzen, andere Methoden, die halt so in der Verwaltungsorganisation nicht reinpassen, in den normalen Ablauf, aber wo wir bestimmte Themen noch mal bearbeiten können und da ist FührDiV auf jeden Fall ein Treiber gewesen*" (PV 2).

Gerade im Handlungsfeld ‚Organisation' werden allerdings auch erneut die Grenzen des Projekts FührDiV deutlich: So wurde zwar die Rahmendienstvereinbarung verabschiedet, allerdings erst zum Ende der Projektlaufzeit. Die Experimentierklausel wurde bisher noch nicht genutzt und das Projekt FührDiV kann darauf nicht mehr einwirken. Auch bei der Pilotverwaltung, die sich für die Erprobung eines dualen Betriebssystems mit Innovationslotsen entschieden hat, ist die Nachhaltigkeit des Projektergebnisses gefährdet: Zum Zeitpunkt des Projektabschlusses war die weitere Finanzierung der Mitarbeiter*innen, die mit einem Stellenanteil das duale Betriebssystem verantwortlich leiteten und es auch in weiteren Dienststellen der Pilotverwaltung etablieren sollten, noch gänzlich ungeklärt.

Unklar ist auch, inwieweit sich die Projektergebnisse über die teilnehmenden Abteilungen und Ämter hinaus in den Verwaltungen verbreiten werden. Hier sind diejenigen Pilotverwaltungen im Vorteil, die im Rahmen ihres Veränderungsprozesses zentrale Strukturveränderungen in Form von Dienstvereinbarungen oder bereichsübergreifende Arbeitsformen (Matrixorganisation) induziert haben. Neue Arbeitsformen, die in Teilbereichen erprobt wurden, wie z. B. das duale Betriebssystem oder Veranstaltungsformate wie die Führungskräfte-Workshops, haben dagegen eine geringere Reichweite und müssen gezielt in andere Bereiche „exportiert" werden. Dass dies jedoch nicht allen Pilotverwaltungen geplant war, zeigt dieses Zitat:

> *„FührDiV war einfach zu klein und hatte auch nicht diesen Anspruch, das Haus zu verändern, sondern wir hatten den Anspruch, Pilotbereiche zu entwickeln. Das hat ja auch funktioniert."* (PV 1).

Eine wichtige Erkenntnis aus dem Projekt FührDiV ist, dass sich agile Formen der Arbeitsgestaltung nur bedingt für die Ausführung von Kernaufgaben der öffentlichen Verwaltung eignen, sondern eher für kreative und innovative Problemlösungen in klar abgegrenzten Projekten. Auch wenn FührDiV in allen Pilotverwaltungen nur als Teilaspekt einer bereits vorhandenen oder im Entstehen befindlichen organisationalen Digitalisierungsstrategie wahrgenommen wurde, konnten wir zeigen, dass durch das Projekt ein kultureller Wandel – zumindest in Teilbereichen – eingeleitet werden konnte.

7. Implementationshindernisse und Erfolgsfaktoren

7.1 Digitalisierung? Geht bei uns nicht! – Hindernisse und Herausforderungen auf dem Weg zur Digitalisierung

In der Abschlussevaluation wurden die Projektgruppenmitglieder auch danach befragt, welche Bedingungen aus ihrer Sicht die Durchführung von Digitalisierungsprojekten behindern. Die folgenden vier Implementationshürden wurden dabei in allen Pilotverwaltungen immer wieder benannt: Investitionskosten („Wir können uns das nicht leisten!“), Arbeitsbelastung („Wir haben keine Zeit!“, „Wer soll das machen?“), Desinteresse der Führung („Meine Führungskraft unterstützt das nicht!“) und Datenschutz („Geht nicht, Datenschutz, Sie wissen schon ...“).

Wir haben keine Ressourcen – wir können die Investitionen nicht bezahlen!

Verwaltungsdigitalisierung ist mit Investitionskosten verbunden. Diese stellen vor allem die unteren Verwaltungsebenen (Kommunen, Landkreise) vor große Herausforderungen. Zwar hat der Bund beispielsweise im Kontext des E-Government-Gesetzes und des Online-Zugangsgesetzes (OZG) Investitionsmittel für Kommunen bereitgestellt, doch die Kommunen können diese Mittel aufgrund von Fachkräftemangel und der komplexen administrativen Regelungen häufig gar nicht abrufen. Dieses Problem wird in der politischen Arena seit geraumer Zeit diskutiert, ist aber immer noch ungelöst.

In den sieben Pilotverwaltungen des FührDiV-Projektes ging es weder um E-Government im eigentlichen Sinne noch um die Umsetzung des Online-Zugangsgesetzes oder die flächendeckende Umsetzung großer IT-Vorhaben. Bei den Investitionskosten im Kontext des FührDiV-Projekts ging es zumeist um basale Formen der Digitalisierung, u. a. die Ausstattung der Beschäftigten mit Notebooks und Smartphones – die aber die betroffenen Pilotverwaltungen vor nicht minder große Herausforderungen stellten. So hat eine der sieben Pilotverwaltungen zu Beginn des FührDiV-Projektes eine Online-Mitarbeiter*innen-Befragung durchgeführt, die ergab, dass sich die Mitarbeiter*innen insbesondere verbesserte Möglichkeiten zum mobilen Arbeiten wünschen. Wohlgemerkt: Es ging nicht um die *Einführung* von mobilem Arbeiten, denn die ist in dieser Dienststelle für viele Beschäftigten im Außendienst ein ‚Muss‘. Ziel war vielmehr die Erleichterung der Arbeit durch entsprechende IT. Bislang müssen Beschäftigte im Außendienst zur Dokumentation ihrer Tätigkeit immer wieder zurück in die Dienststelle, da die entsprechende Hard- und Software für mobiles Arbeiten fehlt (um etwa von unterwegs auf sicher verschlüsselte Akten der Dienststelle zugreifen zu können). Es entstehen überflüssige Wegzeiten, die die Beschäftigten als zusätzliche Belastung empfinden. Die Diskussion um das Arbeiten in der Verwaltung 4.0 empfanden die Beschäftigten zum Teil als Hohn: In ihrer Dienststelle war noch nicht einmal der Sprung in die Arbeitswelt 2.0 bewältigt – die Themenfelder der Verwaltung 4.0 schienen nichts mit ihrer eigenen Realität zu tun zu haben.

Neben der effizienteren Abwicklung der Außendiensttätigkeiten würde ein verbessertes mobiles Arbeiten für viele der Mitarbeiter*innen auch die Vereinbarkeit von Familie und Beruf erleichtern (s. auch: Bundesministerium für Familie, Senioren, Frauen und Jugend 2019). Aus Sicht der öffentlichen Verwaltung wäre die Steigerung der Arbeitgeberattraktivität ein positiver Nebeneffekt – Digitalisierung könnte so mittelfristig auch einen Beitrag zur Bewältigung des Fachkräftemangels leisten. In der betreffenden Pilotverwaltung wurde jedoch verbessertes mobiles Arbeiten gar nicht erst als ein mögliches Projektziel in die engere Auswahl genommen, zum einen, weil der Personalrat dagegen war, zum anderen da signalisiert wurde, dass die Dienststelle entsprechende Investitionen nicht tätigen kann.

Zu wenig Zeit, zu wenig Personal und keine Freiräume für die Projektdurchführung!

> *„Wenn ich gewusst hätte, wie das abläuft, hätte im Januar 2017 die Gefahr bestanden, dass wir uns dem verweigert hätten. […] mit Blick auf die Ressourcen hätte echt die Gefahr bestanden, zu sagen, sucht euch jemand anders. Zumindest eine halbe freigestellte Projektleitung wäre gut gewesen oder jemand der einen in der [alltäglichen Arbeit] ersetzt oder sowas in der Richtung“* (PV 7).
>
> *„Die, die in den Bereichen saßen, die waren ausgelastet und dieses Projekt war immer noch ein Add-On“* (PV 1).

Die Erfahrung, dass das FührDiV-Projekt ein zusätzliches Projekt war, das ohne Entlastung von anderen Aufgaben zu bearbeiten war, teilen viele der Projektgruppenmitglieder. Den Pilotverwaltungen mangelte es nicht nur an finanziellen Mitteln für technische Innovationen, sondern auch an Zeit und Personal, um den Projektgruppenmitgliedern Freiräume für die Projektdurchführung zu gewähren.

> *„Wenn man es richtig machen will, muss da Geld reingesteckt werden. Und das ist wohl auch der Hauptgrund gewesen, warum man es hier nicht so gemacht hat. Weil es nämlich auch 'ne finanzielle Frage ist.“*

Dieses Zitat stammt nun *nicht* von einer Führungskraft, die sich nach langem Überlegen aus finanziellen Gründen *gegen* die Teilnahme am FührDiV-Projekt entschieden hat. Das Zitat ist viel älter und wurde im Kontext der Evaluation des Neuen Steuerungsmodells, des großen Verwaltungsmodernisierungsvorhabens der 1990er-Jahre, geäußert (Grohs, 2012). Das Neue Steuerungsmodell war insbesondere mit der Hoffnung auf mehr Effizienz im öffentlichen Sektor verbunden. Anstatt jedoch Effizienzgewinne verbuchen zu können, machten damals viele Reformverantwortliche die Erfahrung, dass die Einführung von Modernisierungsmaßnahmen zunächst einmal mit nicht unerheblichen Mehrkosten verbunden ist. In vielen Kommunen wurde der Modernisierungsprozess abgebrochen, weil Reformmodelle nur halbherzig implementiert wurden und nicht die erhofften Effekte brachten.

In Anbetracht der angestrebten digitalen Transformation der öffentlichen Verwaltung stellt sich die Frage, welche Lehren aus der Einführung des neuen Steuerungsmodells gezogen wurden. Erneut wird versucht, eine grundlegende Reform der öffentlichen Verwaltung während des ‚normalen Betriebsablaufs' zu realisieren, ohne entsprechende finanzielle, personelle und zeitliche Ressourcen bereitzustellen. Erneut stellt sich die Frage, ob die Implementationsverantwortlichen in den Dienststellen vor Ort den langen Atem bewahren werden, um Reformen zu Ende zu bringen. Das Neue Steuerungsmodell gilt als eine stecken gebliebene Reform, deren Bilanz als äußerst ambivalent bewertet wird (Bogumil et al., 2007; Holtkamp, 2008). Gerade deshalb lohnt es sich, die damals gemachten Implementationsfehler – Durchführung einer grundlegenden Reform im normalen Betriebsablauf ohne Bereitstellung entsprechender Ressourcen sowie die mangelnde Berücksichtigung der Eigeninteressen von Entscheidungsträger*innen innerhalb der Verwaltung – noch einmal in Erinnerung zu rufen.

„Meine Führungskraft unterstützt das nicht …"

„Desinteresse oder mangelnde Unterstützung durch die oberste Führungsebene bzw. durch die direkten Vorgesetzten" war in der abschließenden Online-Umfrage eine weitere sehr häufig gegebene Antwort auf die Frage, was den Prozess der Digitalisierung in der eigenen Dienststelle erschwerte. Das Desinteresse und die mangelnde Unterstützung durch die oberste Führungsebene bzw. durch direkte Vorgesetzte wurden von den Projektgruppenmitgliedern als noch größere Hürde angesehen als Widerstand und Desinteresse aufseiten der Beschäftigten. Was zunächst wie ein überraschendes und unerwartetes Ergebnis klang, wurde in den anschließend durchgeführten Gruppendiskussionen kontextualisiert und dadurch plausibel gemacht. Die Projekt-

gruppenmitglieder wurden vielfach mit der Erfahrung konfrontiert, dass die mittlere Führungsebene Digitalisierungsvorhaben ablehnend bzw. reserviert gegenübersteht, weil die Verwaltungsleitung hierfür keine adäquaten Zeit- oder Personalressourcen bereitstellte. Aus Sorge, dass ihr Team das reguläre Arbeitspensum nicht mehr schaffen kann, lehnten sie Veränderungsmaßnahmen ab. Zum Teil legten Führungskräfte auch ein Veto ein oder signalisierten doch zumindest Missbilligung, wenn Beschäftigte sich freiwillig für die Mitarbeit in Digitalisierungsprojekten meldeten.

Nicht immer sind aber fehlende Ressourcen die Ursache für fehlende Veränderungsbereitschaft von Führungskräften. Zum Teil fehlt auch schlicht eine Digitalisierungsstrategie, wie das folgende Zitat deutlich macht:

> *„[Die Mitarbeiter*innen] wollten das machen, hatten viele Ideen und haben diese gesammelt. Wir kamen aber nicht weiter, denn uns fehlte an manchen Stellen eine Entscheidung, das dann auch umzusetzen. Die Entscheidung haben wir aber nicht bekommen, weil die Strategie noch nicht da war. Die Verwaltungsführung hat gesagt, sie möchte das jetzt noch nicht entscheiden, da sie noch Klärungsbedarf hat. […] Damit war das erste Jahr irgendwie vergeudet bzw. verschenkt. Wir haben uns zwar damit befasst, aber uns fehlten anfangs Entscheidungen, sonst wären wir viel weiter gewesen." (PV 5).*

Das Zitat zeigt, dass Führungskräfte in der mittleren Ebene und auch die Verwaltungsleitung nicht quasi-natürliche Change Agents im Digitalisierungsprozess sind. Auch für sie gilt, dass die Vision einer Verwaltung 4.0 erst einmal sehr vage bleibt und es neuen Wissens und aktiver Auseinandersetzung bedarf, um diese Vision in konkrete Strategien und damit verbundene Instrumente und Maßnahmen zu übersetzen.

„Geht nicht, Datenschutz, Sie wissen schon …"

Als eine vierte Implementationshürde wurde schließlich der Datenschutz benannt. In der Tat sind in Deutschland die Datenschutzregeln strikter als in den europäischen Nachbarstaaten. Zugleich ist auch das Misstrauen der Bürger*innen gegenüber dem Staat stärker ausgeprägt und viele haben große Bedenken, zur ‚gläsernen Bürger*in' zu werden (Martini, 2017).

Ein sorgsamer Umgang mit Daten ist zweifelsohne eine zentrale Voraussetzung für eine gelingende Digitalisierung von Staat und öffentlicher Verwaltung. Zudem sind die Befürchtungen gegenüber einem Daten sammelnden Staat vor dem Hintergrund historischer Erfahrungen und den aktuellen Entwicklungen in autokratischen Staaten in Teilen nachvollziehbar. In den Diskussionen der Projektgruppenmitglieder wurde jedoch deutlich, dass Datenschutz ein hochkomplexes Feld ist, bei dem sowohl auf Ebene der

Mitarbeiter*innen als auch auf Ebene der Führungskräfte viel Unsicherheit und Unwissenheit besteht. Zum Teil konnte auch beobachtet werden, dass das Datenschutzargument strategisch verwendet wird, um beispielsweise ungeliebte Modernisierungsprojekte zu blockieren. In den Pilotverwaltungen des FührDiV-Projektes wurde der Verweis auf den Datenschutz beispielsweise sowohl von Führungskräften, aber auch vonseiten der Personalvertretung dazu benutzt, um Wünsche der Mitarbeiter*innen nach mobilem Arbeiten abzulehnen. Ein Zugriff auf die Verwaltungsserver, auf denen sensible Bürger*innen-Daten gespeichert werden, sei von außen grundsätzlich nicht möglich, so lautete das wiederholt vorgebrachte Argument. Es besteht also grundsätzlicher Handlungsbedarf, mobiles Arbeiten mit dem Datenschutz in Einklang zu bringen, z. B. durch die Nutzung von sicheren Cloud-Lösungen oder verschlüsselten Messenger-Diensten.

7.2 Digitalisierung? Ja! Erfolgsfaktoren auf dem Weg zur Digitalisierung

Warum trotz der beschriebenen Implementationshürden einige der Pilotverwaltungen gleichwohl im Digitalisierungsprozess ein gutes Stück vorangeschritten sind, ist – nach Einschätzung der Projektgruppenmitglieder – vor allem auf zwei Aspekte zurückzuführen: die Motivation der Beschäftigten und eine sozialpartnerschaftliche Vorgehensweise, bei der die Interessenvertretung der Beschäftigten gemeinsam mit dem Personalmanagement die Digitalisierung der Dienststelle gestaltet.

Motivation und Engagement der Beschäftigten!

Die Motivation und das Engagement der Beschäftigten liegen bei der Frage nach den förderlichen Faktoren mit 57,2 Prozent der Nennungen an erster Stelle. Betrachtet man das Ergebnis getrennt nach Statusgruppen, sind Personalräte mit 46,3 Prozent Zustimmung zu dieser Aussage deutlich kritischer als Führungskräfte mit 81,7 Prozent. (s. Abb. 5 in Kap 6.2.1). In Anbetracht der allgemeinen Reformmüdigkeit der Beschäftigten in der öffentlichen Verwaltung sollte dieses Ergebnis besondere Beachtung finden. In den Gruppendiskussionen wurde deutlich, dass viele Beschäftigte privat viel digitalisierter leben, als es ihnen während der Arbeit möglich ist. Sie fühlen sich in ihrer Dienststelle in ein analoges Zeitalter zurückversetzt und sehen dies als einen zusätzlichen hinderlichen Faktor, um unter Bedingungen von dauerhafter Personal- und Ressourcenknappheit die täglichen Aufgaben effektiv und effizient zu erledigen.

Freilich hat die IST-Analyse auch ergeben, dass Teile der Beschäftigten der Digitalisierung mit Sorge entgegenblicken, vor allem, weil sie sich um ihre Arbeitsplatzsicherheit sorgen oder individuelle Überforderung fürchten. Die Herausforderung – aber auch Chance! – für das Projektmanagement besteht nun darin, Instrumente und Verfahren zu entwickeln, um die beiden Gruppen in der Mitarbeiterschaft zusammenzubringen. In zwei Pilotverwaltungen wurden gute Erfahrungen mit der Einführung von ‚Innolotsen' gemacht. Dabei agieren digital-affine Mitarbeiter*innen als Mentor*innen für andere Beschäftigte, spiegeln zugleich aber auch deren Bedenken an die Führung der Dienststelle wider. Solche Coach- oder Tandemlösungen können helfen, Top-down- und Bottom-up-Prozesse miteinander zu verbinden, berechtigte Sorgen der Mitarbeiterschaft im Digitalisierungsprozess zu thematisieren und entsprechende Lösungen zu suchen.

Digitalisierung mitbestimmungs- und beteiligungsorientiert gestalten!

Als ein weiterer wichtiger Erfolgsfaktor für die Digitalisierungsprojekte wurde die kooperative Zusammenarbeit von Personalmanagement, Beschäftigten **und** deren Interessenvertretung benannt. Jeweils ein Drittel der Befragten betrachteten dies als einen wichtigen Aspekt, der die Digitalisierungsprojekte voranbrachte. Auch von Führungskräften wurde ein aktives Einbringen nicht nur der Beschäftigten, sondern auch des Personalrats in den Digitalisierungsprozess als förderlich beschrieben. In einigen Pilotverwaltungen wurden kleinteiligere, nicht mitbestimmungspflichtige Digitalisierungsvorhaben bislang ohne kontinuierliche Einbindung der Personalvertretung geplant und durchgeführt. Für das Personalmanagement dieser Pilotverwaltungen bot FührDiV mit seinem mitbestimmungs- und beteiligungsorientierten Projektmanagement eine Gelegenheit, den Austausch mit der Interessenvertretung zu intensivieren. Dadurch konnten weitere Kommunikationskanäle zur Mitarbeiterschaft geschaffen werden, was vonseiten des Personalmanagements als positiv und entlastend wahrgenommen wurde.

Für die Personalräte wiederum schaffte FührDiV ein Gelegenheitsfenster, um sich mit der Digitalisierung der öffentlichen Verwaltung grundlegend auseinanderzusetzen. Vielen Personalräten ist bewusst, dass Digitalisierung das bestimmende Thema der Zeit ist. Ein großer Teil von ihnen beschrieb aber auch, dass ihnen das Wissen und die Praxisbeispiele fehlen, um über Digitalisierungsprozesse adäquat urteilen zu können. Für sie bot FührDiV einen geeigneten Rahmen, um eigenständige Positionen zu entwickeln.

8. Schlussfolgerungen

8.1 Ansatzpunkte für die Personal- und Organisationsentwicklung

8.1.1 Handlungsfeld Personal

Empfehlung

Was? Selbstorganisation und Eigenverantwortung der Beschäftigten stärken, digitale Kompetenzentwicklung fördern
Wer? Führungskräfte und Personalentwicklung
Wie? Lernerfahrungen und Raum zum Experimentieren in formellen und informellen Settings ermöglichen

Selbstorganisation und Eigenverantwortung stärken

Im Projekt FührDiV wurde deutlich, dass Mitarbeiter*innen in der Verwaltung bereit sind, kreativ, eigenständig und selbstorganisiert zu arbeiten. Dafür bedarf es einer positiven Führungsphilosophie in der Organisation, die Mitarbeiter*innen eine hohe Eigenmotivation sowie Übernahme von Verantwortungsbereitschaft zutraut und die davon ausgeht, dass sie in der Lage sind, sich selbst auf ein Ziel hinzuführen. Diese nicht ganz neue Erkenntnis, die bereits in der XY-Theorie von McGregor (1960) Anfang der 60er-Jahre beschrieben wurde, gewinnt in der VUCA-Welt[5] wieder zunehmend an Aktualität (Lorenz, 2018, S. 102). Es braucht daher Lernformate und Arbeitsformen zur Förderung von Eigenständigkeit in allen Bereichen und Beschäftigtengruppen. Barcamps, Szenario-Workshops und Digitalisierungs-Gruppen erwiesen sich im Projekt FührDiV als innovative Formate, in denen sich die Beschäftigten auf freiwilliger Basis in den Diskurs über digitale Innovationen einbringen konnten. Als anregend empfunden wurden auch Lernexkursionen (Learning Expeditions) in Unternehmen der Privatwirtschaft, um im Bereich Agilität Ideen für das eigene Arbeitsfeld zu generieren. Die jüngeren Generationen erwarten von ihrem Arbeitgeber inzwischen nachweislich mehr Möglichkeiten zur Mitbestimmung und Partizipation (Nachwuchsbarometer Öffentlicher Dienst, 2019). Außerdem geben sich die sogenannten Digital Natives nicht mehr damit zufrieden, mit veralteten Techno-

5 Der Begriff VUCA ist ein Akronym und setzt sich aus den Wörtern volatility (Volatilität), uncertainty (Unsicherheit), complexity (Komplexität) und ambiguity (Mehrdeutigkeit) zusammen. VUCA bezeichnet die Herausforderungen, mit denen sich einzelne Akteure und Organisationen in der zunehmend digitalen Welt konfrontiert sehen.

logien zu arbeiten, wie auch das Beispiel der Pilotverwaltung 2 zeigte. Daran gewöhnt, Smartphone und Tablet für alle Belange des Alltags zu nutzen, bewerten sie die Attraktivität zukünftiger Arbeitgeber unter anderem an der Arbeitsplatzausstattung (Schenk & Dietrich, 2018, S. 267). Darauf muss sich zukünftig auch der öffentliche Dienst einstellen. Die Ausweitung von Eigenverantwortung und die Möglichkeiten der Digitalisierung (z. B. mobiles Arbeiten zur besseren Vereinbarkeit von Familie und Beruf, Nelke, 2020) sind daher auch ein gewichtiges Attraktivitätsargument im Wettbewerb um knappe Fachkräfte.

Trotz der Ausweitung der Eigenverantwortung bleibt die Verantwortung der Führungskräfte zum Schutz vor Über-, aber auch vor Unterforderung bestehen, insbesondere für Beschäftigte, die sich schwer mit schnelllebigen Veränderungen und den daraus resultierenden Anforderungen zum lebenslangen Lernen tun. Ansatzpunkte zur Vermeidung von Belastungen ergeben sich durch eine rechtzeitige und klare Kommunikation anstehender technischer Neuerungen, ihrer Funktionen und ihres Nutzens sowie der Schaffung von Möglichkeiten für die Beschäftigten, sich mit Technik vertraut zu machen. Dazu eignen sich neben klassischer Weiterbildung on- und off-the-job vor allem niedrigschwellige Anlaufstellen wie z. B. die Digitalisierungslotsen in der PV 5. Bei der digitalen Umgestaltung von Arbeitsplätzen sollte verstärkt darauf geachtet werden, Verantwortung und Entscheidungskompetenzen von Mitarbeiter*innen nicht zu beschneiden. Im Gegenteil – hier könnte das Wissen gut qualifizierter Digitalisierungslotsen gezielt für die Weiterentwicklung von Arbeitsbereichen und Aufgaben genutzt werden.

Der Einsatz digitalisierter Arbeitsformen sollte mit einer Stärkung der Eigenverantwortung (enablement) der Beschäftigten einhergehen, um De-Professionalisierungstendenzen möglichst zu vermeiden. Ein Beispiel hierfür könnte die Aufwertung der Arbeitsplätze von Beschäftigten einer Scanabteilung durch Job-Enrichment sein. Statt nur Dokumente zu scannen, könnten sie zu Spezialisten für die Handhabung von PDF-Programmen ausgebildet werden, um andere Mitarbeiter*innen bei der Bearbeitung und Gestaltung ihrer Dokumente zu unterstützen.

Digitale Kompetenzentwicklung

Aus den Gruppendiskussionen ging hervor, dass ältere Beschäftigte in der Tendenz weniger Erfahrungen mit digitalen Medien gemacht haben, gleichzeitig aber genauso aufgeschlossen sind, digitale Kompetenzen zu erwerben, wie jüngere Beschäftigte. Weiterbildung sollte auf den Kenntnisstand der Beschäftigten eingehen, ohne einzelne Zielgruppen auszugrenzen. Hier ist vor allem die Personalentwicklung gefragt, um *innovative Konzepte des Lernens* zu entwickeln, von denen alle *Alters- und Beschäftigtengruppen* profitieren. Ein vielversprechender Ansatz sind die Selbstlerngruppen, in denen digital-affine Mitarbeiter*innen im Sinne eines „Reverse Mentorings" mit weniger fachkundigen Beschäftigten zusammenlernen. Diese Methode des Wissenstransfers wird von Großunternehmen der Privatwirtschaft bereits erfolgreich angewendet. Junge Mitarbeiter*innen geben ihre digitalen Kenntnisse und Erfahrungen z. B. zu Social Media an Führungskräfte von der Vorstands- bis zur Bereichsebene weiter. Die Sitzungen verlaufen auf Augenhöhe und in vertrauensvoller Atmosphäre (Preusser & Bruch, 2014, S. 38). Bei der Gestaltung innovativer Lehr- und Lernformate sollte auch das Ausbildungsniveau der Beschäftigten berücksichtigt werden. Eine Studie von Bömer et al. 2020 kam zu dem Ergebnis, dass Beschäftigte mit höherem Ausbildungsniveau ihre digitalen Kompetenzen vor allem im Selbststudium und durch informelles Lernen erworben haben, während für die mittlere Qualifikationsebene interne und externe Weiterbildungen bedeutsamer sind (Bömer et al., 2020, S. 22).

Auch die Einführung agiler Arbeitsmethoden, wie z. B. Design Thinking, Scrum oder Kanban in Kombination mit realen Experimentierräumen könnte dazu beitragen, Akzeptanz und Motivation der Beschäftigten gegenüber dem digitalen Wandel zu erhöhen. Zielgruppenspezifische Ansätze (z. B. nur für Frauen oder Ältere) müssen gut begründet werden, damit sich einzelne Beschäftigtengruppen nicht ausgegrenzt fühlen. In einer Pilotverwaltung hatte die Personalentwicklung ausschließlich Digital Natives zu einem Austausch eingeladen, um von ihnen Impulse zum Einsatz innovativer digitaler Technologien zu erhalten. Die Begrenzung auf den Kreis der Jüngeren zog bei älteren Beschäftigten Unmut nach sich. Beide Formate haben ihre Vorzüge, jedoch erfordern zielgruppenspezifische Angebote plausible Begründungen, damit diese auch von der Gesamtbelegschaft akzeptiert werden.

Für die Beschäftigten steht der Erwerb digitaler und agiler Arbeitskompetenzen im Vordergrund. Sie müssen lernen, in selbstorganisierten Teams wissensbasierte Entscheidungen zu treffen. Dabei reicht es nicht aus, neue

Methoden wie Scrum, Kanban oder Design-Thinking zu beherrschen. Viel wichtiger ist die Bereitschaft, die persönliche Haltung und Denkweise zu verändern. In der agilen Arbeitswelt liegt der Fokus auf *Zusammenarbeit, Ergebnisorientierung und schnellen Reaktionen auf Veränderungen* von außen (Nitschke, 2018, S. 26). Dies kann, neben der Einführung einer transformationalen Führungskultur, nur im Rahmen einer langfristig angelegten PE-Strategie gelingen. Damit die Beschäftigten ein *digital mindset* entwickeln können, bedarf es förderlicher Rahmenbedingungen vonseiten der Dienststelle, wie eine verbesserte Technikausstattung, ausreichend zeitliche Ressourcen und die Ausweitung von Entscheidungsspielräumen.

Weil neue agile Arbeitsformen in klassischen Einzel- und Zweierbüros nur schwer umzusetzen sind, gilt es auch darüber nachzudenken, wie die *Architektur der Arbeitswelt 4.0* funktional gestaltet werden kann. Die Pilotverwaltungen 2 und 5 richteten im Rahmen von FührDiV einen realen Experimentierraum ein, der durch seine räumliche Gestaltung mit bunten Farben und modernen Möbeln zu kollaborativem Arbeiten und kreativem Ausprobieren einladen soll. Um den experimentellen Charakter des agilen Arbeitens stärker zu fördern, müsste auch das Qualitätsmanagement, das gegenwärtig an klassischen Arbeitsprozessen ausgerichtet ist, verändert werden. Statt fest definierter Prozesse könnten allgemeingültige Checklisten mit den geltenden Qualitätszielen erstellt werden, die agile Teams bei der Erstellung ihrer Spielregeln in Gestalt einer Team Charta berücksichtigen müssen (Ringbauer, 2017, S. 69 f.).

Vereinbarkeit von Beruf und Privatleben

Mit neuen Arbeitsformen der virtuellen Welt wie Home Office oder mobilem Arbeiten besteht für die öffentliche Verwaltung die Möglichkeit, *Berufs- und Privatleben* der Beschäftigten besser miteinander zu vereinbaren und sich dadurch gleichzeitig als attraktiver Arbeitgeber zu positionieren. Ein Ansatzpunkt für FührDiV lag darin, mit den Führungskräften zu erarbeiten, was Digital Leadership in diesem Zusammenhang bedeutet. Gegenstand der Projektarbeit waren Fragen, wie eine vertrauensvolle Arbeitsbeziehung zwischen Führungskraft und Mitarbeiter*innen auf Distanz gestaltet werden kann, wie möglichst alle Beschäftigtengruppen an virtuellen Arbeitsformen partizipieren können und wie sich Dienstvereinbarungen der analogen Welt für virtuelle Arbeitsformen anpassen lassen, so dass Mitarbeiter*innen selbstbestimmt und flexibel arbeiten können, ohne sich selbst auszubeuten.

Im Ergebnis liegen dazu Instrumente mit unterschiedlich hohem Verbindlichkeitsgrad vor: Eher empfehlenden Charakter hat ein Positionspapier zur Förderung von orts- und zeitflexiblem Arbeiten sowie die Kennzeichnung telearbeitstauglicher Arbeitsplätze in Stellenausschreibungen (PV 6). Organisationshilfen wie die digital gestützte Abwesenheitsplanung mit Outlook schaffen dagegen Anreize zur konkreten Nutzung von Homeoffice-Lösungen. Am weitesten gehen Dienstvereinbarungen zur Regelung von mobilem Arbeiten mit klaren Regeln zum Schutz vor Entgrenzung von Arbeit und Privatleben, von denen einige bereits vor Projektbeginn in Kraft traten (PV 1, PV 3 und PV 5): So sind Dienste außerhalb des regulären Arbeitszeitrahmens individuell zu vereinbaren und die außerhalb der Arbeitsstätte erbrachte Arbeitszeit wird über das Webterminal erfasst. Dienstzeiten zwischen 22:00 und 5:00 Uhr sind grundsätzlich ausgeschlossen bzw. nur in genehmigungspflichtigenden Ausnahmefällen möglich. (Dienstvereinbarung PV 5).

Durch Konzepte der lebensphasenorientierten Personalpolitik (Rump et al., 2014) kann die Personalentwicklung diesen Prozess flankierend unterstützen: Virtuelle und agile Arbeitsformen sollten derart ausgestaltet werden, dass die Bedürfnisse der Mitarbeiter*innen in den verschiedenen Lebensphasen Kinderbetreuung, Pflege, Krankheit, Um- und Neuorientierung sowie beruflicher Rückzug Beachtung finden.

8.1.2 Handlungsfeld Führung

Empfehlung

Was? Werte- und dialogorientiertes Führen: Ausbildung von Digital Change Agents
Wer? Führungskräfte und Personalentwicklung
Wie? Aufbau von Digital-Leadership-Kompetenzen fördern durch ämter- und hierarchieübergreifendes Lernen

Von transaktionaler zu transformationaler Führung

Digitale Transformation bedeutet, nicht nur die Organisation zu verändern, sondern auch die eigene Führungspraxis. Für die Führungskräfte in der Verwaltung stellte sich die Frage, was genau ihre Aufgabe sein soll, wenn im Zuge des agilen und mobilen Arbeitens die fachliche Verantwortung abnimmt und personelle Führung zunehmend virtuell erfolgt. Fast alle Pilotverwaltungen entwickelten im Projekt Handlungshilfen, Leitlinien und Qualifizierungsformate, um den Weg für ein Umdenken in Richtung transformationale Führung zu bereiten. Anders als manche Projektgruppe in FührDiV zunächst vermutete, stehen beim Thema Führung im digitalen Zeitalter eher menschen- als technologieorientierte Themen im Vordergrund: An die Stelle von kleinteiligen Vorgaben und Kontrolle (transaktionale Führung) tritt ein Führungsstil, bei der die Führungskraft den Mitarbeiter*innen als Coach und Sparringspartner dialogorientiert, wertegeleitet und motivierend zur Seite steht. Wesentliche Elemente, die Digital Leadership kennzeichnen, sind Partizipation, Offenheit, Demokratisierung, Agilität, Vertrauen und Vernetzung (Lorenz, 2018, S. 41 ff.) sowie die Fähigkeit zum Selbstmanagement und ständiger Lernbereitschaft (Friedrich, 2019). Werden diese Führungsprinzipien konsequent befolgt, haben Führungskräfte mehr Zeit, sich auf strategische Fragen zu konzentrieren. In Workshops und Qualifizierungsreihen der Pilotverwaltungen wurden dazu u. a. folgende Schlüsselkompetenzen vermittelt:

- Lernbereitschaft und Fähigkeit zum Selbstmanagement,
- Lösungs-, prozess- und bedürfnisorientierte Interaktion,
- Eigenverantwortung für individuelle Ziele der Mitarbeiter*innen fördern,
- Feedback geben.

Führungskräfte sollten darüber hinaus auch Kenntnisse über IT-Anwendungen und operationales Prozesswissen über die IT-Architektur erwerben (Dworschak & Zaiser, 2016, S. 111). Noch bedeutsamer ist die Kompetenz, sich mit Gestaltungsspielräumen und Grenzen von IT-Systemen auseinanderzusetzen und zu verstehen, wie sich der Einsatz digitaler Technologien auf Art, Ort und Zeit der Dienstleistungserbringung auswirkt. Gemeinsam mit der Verwaltungsspitze und ggf. auch Vertreter*innen der politischen Ebene sollten sie im Rahmen von IT-Governance Verantwortung für richtungsweisende Entscheidungen übernehmen und an der Erstellung eines entsprechenden Ordnungsrahmens mitwirken (Schenk & Dietrich, 2018, S. 269). Der Aufbau von verwaltungsinterner IT-Kompetenz könnte durch organisationsübergreifende Digitalisierungsbeauftragte unterstützt werden, die sowohl über fachliches IT-Prozesswissen als auch institutionsspezifisches Wissen verfügen (Mergel, 2019, S. 167).

Ausbildung von Digital Change Agents

Die Evaluation zeigte jedoch, dass mit den Qualifizierungsangeboten lediglich Impulse für eine Haltungsveränderung in Gang gesetzt werden konnten. Dies ist insofern eine Herausforderung, da sich Haltungsveränderungen nicht von oben verordnen lassen: Neue Haltungen müssen von Führungskräften vorgelebt werden, wobei diese jedoch auch eine Ermöglichungskultur von unten nach oben erlauben müssen (Mergel, 2019, S. 167). Dies ist eine Herausforderung, die bei mancher Führungskraft sicherlich auch negative Empfindungen wie Versagens- oder Verlustängste erzeugt. Umso wichtiger ist die Schaffung einer wertebasierten Kultur in der Gesamtorganisation wie durch die Verabschiedung der Leitlinien in der PV 5, damit Führungskräfte sich möglichst auf eigene Initiative hin in die neue Rolle des *Digital Change Agents* begeben.

Anregungen zur Entwicklung von Digital Leadership-Kompetenzen bietet das außerhalb von FührDiV entwickelte Personalentwicklungskonzept der Stadtverwaltung Herrenberg. Das im Blended Learning-Format konzipierte Entwicklungsprogramm beinhaltet die Stärkung der Fähigkeit, virtuelle Teams zu führen, die Förderung der Problemlösungsfähigkeit durch learning by doing und den Aufbau von Kompetenzen im Umgang mit neuen Medien, wie z. B. Online-Lernen und Social Collaboration. Auch die Stärkung der Fähigkeit zur Selbstreflexion durch kollegiale Beratung und Lernlogbücher sowie den Aufbau eines stadtweiten Netzwerks durch ämter- und hierarchieübergreifende Zusammenarbeit sieht das neue Personalentwicklungskonzept vor. Die Teilnahme am Lernprojekt dauert insgesamt neun Monate, die Führungskräfte können jedoch auf Wunsch dauerhaft auf der Lernplattform verbleiben und die Angebote weiterhin nutzen (Schneider, 2018, S. 45 f.). Das Projekt FührDiV hat gezeigt, dass die Fortbildungsangebote für Führungskräfte insgesamt rege nachgefragt wurden. Vermutlich würde dieses oder ein ähnliches Konzept zum dienststellenübergreifenden Lernen auch in den Pilotverwaltungen auf großen Anklang stoßen.

8.1.3 Handlungsfeld Kommunikation

Empfehlung

Was? Neue Kommunikationsformen und -wege quer zur Hierarchie
Wer? Behördenleitung
Wie? Einführung technischer Lösungen, Schaffung realer Experimentierräume und Förderung hierarchieübergreifender Organisationsstrukturen

Auch wenn sich die Ausgangslage durch einen eher geringen Digitalisierungsgrad in den Pilotverwaltungen auszeichnete, ist es im Laufe des Projektes FührDiV in einigen Pilotverwaltungen gelungen, neue digitale Lösungen zur Kommunikation im Team zu erproben. In einer der Pilotverwaltungen gehören Aufgaben im Außendienst (z. B. Hausbesuche bei Klient*innen) zu den regelmäßigen Arbeitsaufgaben der Beschäftigten. Die Anschaffung von Smartphones wurde von diesen als eine sehr große Arbeitserleichterung empfunden, um z. B. eine Navigator-App auf dem Weg zu den Klient*innen zu nutzen oder um bei den Klient*innen vor Ort Onlinerecherchen durchzuführen (z. B. nach Beratungsangeboten).

Der Einsatz von neuen Medien kann auch dazu beitragen, in virtuellen Teams Authentizität und Alltäglichkeit zu erzeugen und ‚small talk'-ähnliche Kommunikationsformen zu entwickeln. Dies ist umso wichtiger, wenn durch zeit- und ortsunabhängige Arbeitsformen persönliche Begegnungen in Teammeetings, Kaffeeküchen und Kantinen seltener werden. Der Einsatz von neuen Medien kann schließlich auch helfen, die Interaktion mit Klient*innen zu verbessern, indem Kommunikationsformen genutzt werden, die in der Zielgruppe weitverbreitet sind. Die virtuelle Kommunikation mit Klient*innen scheitert momentan allerdings meist an der fehlenden Interoperabilität von datensicheren Messenger-Diensten mit den gängigen Marktprodukten bzw. an der fehlenden Bereitschaft von Klient*innen, die Messenger-Dienste der öffentlichen Hand zu nutzen. Die Herstellung von Interoperabilität zwischen verschiedenen Messenger-Diensten liegt allerdings nicht im Handlungsbereich einzelner Behörden. An dieser Stelle besteht vielmehr politischer Handlungsbedarf.

Auch für die Führungskräfte eignen sich Social Media-Tools – sie ermutigen und erleichtern, Feedback zu geben, Diskussionen zu kommentieren und sich zu beteiligen, wie z. B. durch den Einsatz des Umfrage- und Voting-Tools in der PV 1. Soziale Medien oder Intranet-Chats können jedoch fehlende persönliche Bezugspunkte nicht vollständig ausgleichen. Vorsicht ist auch angebracht, wenn es darum geht, Kritik per Messenger oder SMS gegenüber den Mitarbeiter*innen zu äußern. Vor dem Hintergrund der mehrfach angesprochenen hohen Belastung sind zudem Nutzen und Aufwand genau gegeneinander abzuwägen. Müssen zu viele Kommunikationskanäle parallel bedient werden, können in der Folge bei den Beschäftigten Stress und Überlastung weiter zunehmen. Zu klären wäre dann, was konkret über welchen Kanal kommuniziert werden kann oder soll. Neue Kommunikationsmedien können damit – zumindest in kleinen Bereichen der alltäglichen Arbeit – als aktivierendes Element genutzt werden, das dazu auffordert, Verantwortung zu übernehmen.

Empirische Untersuchungen zum Organisationswandel und zur digitalen Transformation in Bürgerämtern zeigen, dass Mitarbeiter*innen Kommunikation, insbesondere was den Informationsfluss zwischen Mitarbeiter*innen und Führungskräften betrifft, für eine der wichtigsten Bedingungen für gute Aufgabenerfüllung halten (Bogumil et al., 2019, S. 32). Grundsätzlich sollte die *Kommunikation* so ausgerichtet werden, dass sie die Selbststeuerung und Selbstorganisation der Mitarbeiter*innen fördert. Als erfolgreiches Format für eine hierarchieübergreifende Kommunikation erwiesen sich die Probierlabore (D-Gruppen) in der PV. 5. Die Strukturveränderung zeigt eindrucksvoll, wie sogenannte „Verwaltungssilos", die aufgrund des Ressortprinzips innerhalb der Linienorganisation geschaffen wurden (Mergel, 2019, S. 166), aufgebrochen werden können. Die Beschäftigten werteten es als sehr positiv, dass sie ihre Ideen und Expertise in die Gruppe einbringen konnten, wodurch sich klassische Berichts- und Entscheidungswege abkürzen ließen. Um Kommunikation in einer zunehmend digitalisierten Welt zu ermöglichen, bedarf es auch der Orte für reale Begegnungen. Dies ist in zwei Pilotverwaltungen mit der Einrichtung von realen Experimentierräumen gelungen. Ausgestattet mit ansprechenden Sitzmöbeln und Moderationsmaterialien, können die Teams abseits der gewohnten Besprechungsräume neue Arbeitsmethoden erproben und gemeinsam nach innovativen Lösungen suchen.

8.1.4 Handlungsfeld Organisation

Empfehlung

Was? Agiles Mindset nachhaltig in Organisationsstruktur und -kultur verankern
Wer? Behördenleitung, Personalrat und Beschäftigte
Wie? Werte und Prinzipien für die Arbeitswelt 4.0 formulieren, agile Arbeitsformen in klassische Hierarchie integrieren, förderliches Betriebsklima für individuelles und organisationales Lernen schaffen

In den meisten Pilotverwaltungen von FührDiV ist es – zumindest in Teilbereichen – gelungen, vorhandene *Werte und Prinzipien* stärker sichtbar zu machen und offensiver zu kommunizieren. Am weitesten geht die in der PV 5 verabschiedete Digitalisierungsstrategie mit den darin enthaltenen Führungsgrundsätzen zur Gestaltung der digitalen Transformation. An diesem Beispiel wird deutlich, wie wichtig die Einbindung der obersten Führungsspitze für eine gelingende Projektumsetzung ist. Nachdem dort die Projektgruppe von der Verwaltungsleitung keinerlei Feedback zu den von ihr erarbeiteten Vorschlägen erhalten hatte, war sie fast ein Jahr orientierungslos – eine Situation, die bei den Mitgliedern zu Ärger und Frustration führte. Das Versäumnis der Verwaltungsleitung konnte jedoch in der zweiten Hälfte der Projektlaufzeit durch das Setzen von klaren Rahmenbedingungen ausgeglichen werden. In einer anderen Pilotverwaltung dagegen wurden die von der Projektgruppe erarbeiteten Handlungshilfen und Empfehlungen selbst zum Ende der Projektlaufzeit nicht aufgegriffen.

Das Projekt FührDiV konnte einen Rahmen bieten, um moderierte Diskussionen über Instrumente des normativen Managements stattfinden zu lassen, wie z. B. über Leitbilder, Organisationsphilosophie und Führungsgrundsätze in der digitalisierten Verwaltung. Die Leitfäden zur Trennung von Freizeit und Beruf, zum Arbeiten in virtuellen Teams oder agilem Arbeiten sind ein vielversprechender Ansatz, um sich mit Werten und Prinzipien des digitalen Arbeitens auseinanderzusetzen.

Im Diskurs über ‚agile Leadership' wird betont, dass eine Diskussion über gemeinsame Werte und Prinzipien umso wichtiger wird, je weniger sich die Beschäftigten in formalen und hierarchischen Strukturen wiederfinden (Mitchell, 2019). Diese Diskussion sollte in den Pilotbereichen parallel zur praktischen Erprobung agiler Arbeitsformen geführt werden und Eingang in Handlungshilfen, wie z. B. dem agilen Kulturcheck für Teams (PV 3) oder Lehrvideos zu agilen Projekten (PV 2), finden. Ein gelungenes Beispiel ist das duale Betriebssystem in der PV 2: Dort gelang es, agile Arbeitsformen in hierarchische Organisationsstrukturen einzubetten. Sogenannte Innolotsen agieren als Vermittler*innen zwischen der agilen und hierarchischen Welt. Ein Vorteil liegt in der Niedrigschwelligkeit des Ansatzes: Mit dem dualen Betriebssystem kann agile Teamarbeit zunächst in ausgewählten Teilbereichen der Verwaltung erprobt und ggf. zu einem späteren Zeitpunkt weiter ausgerollt werden. Agile Arbeitsformen setzen grundsätzlich eine hohe Eigenmotivation und -initiative der Teammitglieder voraus. Sie lassen sich deshalb nur schwerlich top-down implementieren und eignen sich nur bedingt für Bereiche, in denen die Arbeitsprozesse nicht verändert werden können. Es liegt somit vor allem in der Hand der Führungskräfte, Anreize zu schaffen, um bei den Mitarbeiter*innen Kreativität und Lust auf Innovationen wecken. Preusser & Bruch (2014, S. 37) konnten in ihrer Forschung zeigen, dass sich mit einem stark auf Austausch und Interaktion basierenden Führungsstil das Klima für Agilität im Unternehmen positiv beeinflussen lässt. Ansätze wie das duale Betriebssystem oder die Matrix-Struktur der D-Gruppen illustrieren, dass Verwaltung durch strukturelle Ambidextrie – zumindest in begrenztem Umfang – klassische Hierarchie (operative Kernaufgaben) und Innovation (Einführung digitaler Technologien) miteinander in Einklang bringen kann. Zu beobachten sind Praktiken, die in der Organisationsforschung als „configurational exposure" beschrieben werden (Magnusson et al., 2020, S. 4), d.h. es kommt durch cross-funktionale Strukturen zum Aufbrechen von Informations- oder Verwaltungssilos (s. auch Kap. 8.1.3).

Agile Strukturen und Experimentierräume werden von Personalräten als problematisch gesehen, weil Fragen der Abgrenzung zwischen Arbeit und Freizeit sowie der Entlohnung schwierig zu klären sind. Zu klärende Fragestellungen in diesem Zusammenhang sind Arbeitszeiten außerhalb der klassischen Bürozeiten, Unterbrechungen von Ruhephasen sowie die Einhaltung der Aufzeichnungspflicht der Arbeitszeit (Henneberger-Sudjana & Henneberger, 2018, S. 53 f.). Um die Abgrenzung zwischen Arbeit und Freizeit zu wahren, wünschen sich Personalräte beispielweise Dienstvereinbarungen, die eine Abschaltung der E-Mail-Server nach 18:00 Uhr und am Wochenende vorsehen (Schwab et al. 2019, S. 64). Gegensätzliche Interessen und Bedenken gegenüber agilen Arbeitsformen sollten in diesem Zusammenhang mit allen Beteiligten offengelegt und diskutiert werden. So könnten Chancen genutzt werden, um neue Regeln für mobiles Arbeiten zu vereinbaren und im Rahmen von kleineren Modellvorhaben zu erproben. Gute Beispiele, wie hierfür ein verlässlicher Rahmen geschaffen werden kann, sind die Dienstvereinbarungen mit Experimentierklausel und zu mobilem Arbeiten (PV 5) sowie die Dienstvereinbarung zu flexiblem Arbeiten (PV 1).

Das Paradigma der *Lernenden Organisation* beinhaltet eine kontinuierliche Auseinandersetzung mit der Anpassung an innere und äußere Veränderungen. Dazu gehört die Förderung eines positiven Lernklimas on- und off-the-job für alle Altersgruppen sowie eine flexible und wandelbare Organisationsstruktur. Die in eine Matrixorganisation eingebetteten D-Gruppen, in denen hierarchieübergreifend an digitalen Innovationen gearbeitet wird, sind hierfür ein gutes Beispiel. Für die Förderung des organisationalen Lernens spielen sowohl die realen Experimentierräume (s. Kap. 8.1.3) als auch die Lernbegleitung zum selbstorganisierten Lernen in der PV 5 mithilfe der Digitalisierungslotsen eine wichtige Rolle, wird doch in der Literatur auf einen positiven Zusammenhang zwischen einer auf Selbstbestimmung beruhenden Lernmotivation und der Qualität des Lernens verwiesen (Heuberger, 2020, S. 593; siehe auch Kap. 8.1.1).

Vor dem Hintergrund der digitalen Transformation gewinnt das Modell der Lernenden Organisation von Peter Senge (2006) aktuell an Bedeutung (Hoe, 2019, S. 57). Es basiert auf der Grundannahme, dass lernfähige Organisationen langfristig erfolgreicher sind, wenn sie fünf Disziplinen für kontinuierliches Lernen beherrschen: 1. Persönliche Entwicklungs- und Reflexionsbereitschaft (personal mastery), 2. mentale Modelle in Form geteilter Werte und Grundannahmen (mental models), 3. eine gemeinsame Vision (shared vision), 4. Teamlernen (team learning) sowie 5. Systemlernen (systems thinking) als übergeordnete und integrative Disziplin, welche die übrigen vier miteinander verbindet (Senge, 2006, S. 7 ff.). In diesem Modell sind Individuum und Organisation eng miteinander verknüpft – im Fokus steht die Selbststeuerung im Zusammenspiel von Organisationsdesign, -kultur und Führung. Systemlernen bedeutet im Kontext von Digitalisierung, die Wechselwirkungen zwischen dem Gesamtsystem und seinen einzelnen Teilen zu verstehen, um komplexe Herausforderungen zu bewältigen (Hoe, 2019, S. 58). In den Projektgruppen wurde deutlich, dass durch FührDiV Lernen in den ersten vier Disziplinen stattgefunden hat. Auf der persönlichen Entwicklungsebene durch die Teilnahme an Workshops und Weiterbildungen z. B. zu agilem Arbeiten und Führen auf Distanz, auf der Ebene der mentalen Modelle durch Wertediskussionen in den Projektgruppen und auf der Ebene der gemeinsamen Vision durch Leitplanken und Leitbilder der digitalen Verwaltung. Für die fünfte Disziplin der Systemebene lieferte das

Projekt FührDiV wertvolle Lernerfahrungen, die zum Projektende jedoch nur in Ansätzen umgesetzt werden konnten, z. B. abteilungs- oder organisationsübergreifende Netzwerkstrukturen zur Einflussnahme auf die technologische und politische Umwelt oder das Bestreben, die Projektaktivitäten in eine übergeordnete Digitalisierungsstrategie einfließen zu lassen (z. B. PV 1 und PV 5).

8.2 Ansatzpunkte für die Politikgestaltung

Die Ergebnisse von FührDiV zeigen, dass mit dem Instrument der Projektförderung die digitale Transformation der öffentlichen Verwaltung angestoßen und weiter vorangetrieben werden kann. In den Evaluationsdiskussionen wurde aber auch immer wieder auf hinderliche Faktoren verwiesen, die *außerhalb* des Handlungsspielraums der Pilotverwaltung liegen und Aktivitäten von Politik und Interessenvertretung als ‚Taktgeber' der öffentlichen Verwaltung verlangen.

An dieser Stelle kann und soll nicht auf die *grundlegenden* Voraussetzungen einer digitalen Verwaltung eingegangen werden. Dass es digitaler Infrastrukturen und Plattformen bedarf und dass hierfür Investitionen notwendig sind, die an eine übergeordnete politische Strategie zurückgebunden sein sollten, steht außer Frage. Politischer Handlungsbedarf besteht auch bei der Frage der Finanzierung der digitalen Transformation des öffentlichen Sektors im Rahmen der föderalen Staats- und Verwaltungsstruktur oder der Herstellung von Interoperabilität zwischen verschiedenen Anwendungssystemen. Die im Folgenden benannten Handlungsempfehlungen beziehen sich demgegenüber im engeren Sinne auf das Kernthema der INQA-Initiative *Arbeit gestalten.*

8.2.1 *Anreize für Digitalisierung in der öffentlichen Verwaltung schaffen*

Empfehlung

Was? Anreize für Digitalisierung schaffen
Wer? Bundesministerium für Arbeit und Soziales
Wie? Den öffentlichen Sektor noch besser in die INQA Initiative integrieren und dabei die Besonderheiten der öffentlichen Verwaltung beachten

Verwaltung ist von ihrer Kultur her grundsätzlich strukturkonservativ angelegt – sie braucht ‚Anlässe' von außen, um über ihre Strukturen und Prozesse nachzudenken und diese anzupassen. Digitalisierungsindizes und internationale Vergleiche zeigen, dass der ‚Digitalisierungsnachzügler' Deutschland zwar langsam aufholt, was beispielsweise die Digitalisierung der Wirtschaft betrifft, gerade aber im Bereich der öffentlichen Verwaltung ist eine solche Aufholbewegung noch nicht zu erkennen. Deutschland liegt bei der Digitalisierung des öffentlichen Sektors im Vergleich zu Ländern mit ähnlichem Entwicklungsstand deutlich zurück (Europäische Kommission, 2020).

Die Politik (sowohl auf Ebene des Bundes, der Länder und der Kommunen) sollte gezielt ‚Anlässe' für die Digitalisierung des öffentlichen Sektors schaffen, zum Beispiel durch die Entwicklung von Digitalisierungsstrategien mit definierten Ziel- und Zeitvorgaben und entsprechenden unterstützenden Ressourcen, einschließlich entsprechender Förderprogramme. International vergleichende Studien zeigen, dass eine Digitalisierungsstrategie mit einer klaren Vision ein relevanter Erfolgsfaktor im Digitalisierungsprozess ist, die aber immer noch häufig nicht gegeben ist (Rackwitz et al., 2020, S. 260). Das gilt auch und gerade für die kommunale Ebene. Oftmals bestimmen sogar politische oder persönliche Beziehungen darüber, ob überhaupt Digitalisierungsbudgets zur Verfügung gestellt werden (Schwab et al., 2019, S. 36). Was das Bundesministerium für Arbeit und Soziales betrifft, so hat das Projekt FührDiV gezeigt, dass die Initiative INQA grundsätzlich einen geeigneten Rahmen darstellt, um die digitale Transformation der öffentlichen Verwaltung weiter voranzutreiben. Im Steuerkreis der Initiative sind die relevanten Akteure vertreten: Bund, Länder und kommunale Spitzenverbände, Arbeitgebervereinigungen und Kammern, Gewerkschaften, Unternehmen, die Bundesagentur für Arbeit und Stiftungen, die Bundesanstalt für Arbeitsschutz und Arbeitsmedizin.

Aus den Erfahrungen des Projektes FührDiV lassen sich aber auch Schlussfolgerungen ziehen, wie die Aktivitäten der INQA Initiative zukünftig noch stärker auf die Besonderheiten der öffentlichen Verwaltung zugeschnitten werden können.

- **Prozessberatung und Best-Practice-Baukasten:** Es gibt nicht ‚die eine' Verwaltung – Verwaltungsstrukturen, -prozesse und -kulturen unterscheiden sich je nach Aufgaben- bzw. Politikfeld. Externe Digitalisierungsberatung sollte daher offen und prozessorientiert sein. Ein Prinzip der Prozessberatung ist, dass die beratungssuchenden Akteure passgenaue Lösungen selbst am besten entwickeln können, da sie die Probleme und Spezifika der Organisation am besten kennen. Die eigenständige Entwicklung von neuen Modellen, Abläufen, Instrumenten ist aber eine Fähigkeit, die **nicht** zu den Kernkompetenzen von Verwaltungsmitarbeiter*innen gehört und **nicht regelmäßig** von ihnen abgefordert wird. Mitglieder in Steuerungsgruppen können Prozessberatung daher vor allem zu Beginn als Überforderung erleben. Alle FührDiV-Projektgruppen wünschten sich in der Anfangsphase einen stärker fachbezogenen Input mit konkreten Lösungsangeboten. Damit verbunden war vielfach auch die Erwartung, ein konkretes Projektthema vorab auswählen zu können. Prozessberatung sollte dies mitbedenken und beispielsweise ‚Baukästen' für Digitalisierungsvorhaben oder themenzentrierte Beratung anbieten, aus denen Verwaltungen passende ‚Bausteine' wählen können. Dies könnten Fachinformationen und Anwendungsbeispiele zu konkreten Themenbereichen wie z. B. agile Arbeitsformen, mobiles Arbeiten, Veränderung von Führungsrollen oder Lernformate für digitale Kompetenzentwicklung sein.

- **Vernetzung:** Neben der Förderung von konkreten Reformprojekten setzt die Initiative „Neue Qualität der Arbeit" vor allem auf die Vernetzung der teilnehmenden Akteure, um eine Diskussionsplattform für Erfahrungsaustausch zu schaffen. Solche Vernetzungsstrategien sind auch für die Digitalisierungsakteure in der öffentlichen Verwaltung höchst relevant: Kollaboration und Vernetzung zählen zu den Erfolgsfaktoren der Verwaltungsdigitalisierung (Rackwitz et al., 2020, S. 261). Die Evaluation des FührDiV-Projektes hat gezeigt, dass sich die Mitglieder der Projektgruppen oftmals als digitale Einzelkämpfer fühlten, die ‚das Rad immer wieder neu erfinden mussten' – Vernetzung mit anderen Verwaltungen, um Best Practice auszutauschen, wurde von ihnen als sehr wichtig eingestuft. Allerdings:
  - nachhaltige Netzwerkarbeit braucht **finanzielle, personelle und räumliche Ressourcen.** Die Verwaltungsmitarbeiter*innen müssen die *tatsächliche* Möglichkeit erhalten, sich innerhalb ihrer regulären Arbeitsaufgaben an der Netzwerkarbeit zu beteiligen. Die Chancen, dass das FührDiV-Netzwerk zu einem dauerhaften und nachhaltigen Austausch führen wird, wurde von den Projektteilnehmenden als eher gering eingestuft. Keiner der Netzwerkpartner verfügt über ein ‚Vernetzungsbudget' – aufgrund fehlender finanzieller, personeller und räumlicher Ressourcen beurteilten die Teilnehmenden die Nachhaltigkeit des Netzwerkes eher skeptisch.
  - Netzwerke brauchen eine ausgewogene Balance von Homogenität und Heterogenität der Netzwerkteilnehmer*innen. Homogenität ist wichtig für die Entstehung von Vertrauen, Heterogenität wiederum ist die Voraussetzung für Innovationen und Lernen. In Netzwerken zur Digitalisierung der öffentlichen Verwaltung sollten die Teilnehmenden entweder über einen gemeinsamen Ausgangspunkt (gleiche politische Ebene, gleiches Aufgabenspektrum, gleicher Digitalisierungsgrad etc.) oder aber über ein gemeinsames Ziel (Agiles

Management, Führung, Weiterbildung/E-Kompetenzen o.ä.) verfügen. Sind Ausgangspunkt und Zielsetzung gleich, sind die Chancen auf Innovationen eher gering. Ist aber weder die Ausgangssituation noch die Zielsetzung vergleichbar, fällt es den Netzwerkakteuren schwer, einen konkreten Nutzen in der Netzwerkarbeit zu erkennen. Das FührDiV-Netzwerk ist aus Sicht der Teilnehmenden zu heterogen, um Anreize für eine dauerhafte Kooperation zu bieten.

8.2.2 Anpassung von Laufbahnsystemen an die digitalisierte Arbeitswelt

Empfehlung

Was?	Das Laufbahnsystem reformieren
Wer?	Innenminister von Bund und Ländern, Interessenvertretung
Wie?	Vertikale und horizontale Durchlässigkeit verbessern, um Agilität zu ermöglichen

Eine der größten Herausforderungen, der sich der öffentliche Dienst in den nächsten Jahren stellen muss, ist geeignetes Personal zu gewinnen und dieses zu halten (Mergel, 2019). Vor dem Hintergrund des demographischen Wandels wird dieses Problem schon seit geraumer Zeit diskutiert: Einerseits steigt in einer alternden Gesellschaft der Bedarf an öffentlichen Dienstleistungen, andererseits wird es immer schwieriger, junge Nachwuchskräfte für den öffentlichen Dienst zu gewinnen. Von der Überalterung des Personals ist auch in zunehmendem Maße die öffentliche Verwaltung bedroht (Hinz & Vollmann, 2020, S. 211). Der aktuelle Digitalisierungsstand der öffentlichen Verwaltung verschärft dieses Problem noch mehr, wird doch die Arbeitgeberattraktivität der öffentlichen Verwaltung von jungen, digital-affinen Beschäftigten nur bedingt als positiv bewertet (Nachwuchsbarometer Öffentlicher Dienst, 2019). Auch in den Pilotverwaltungen des Projekts FührDiV war der Fachkräftemangel ein immer wiederkehrendes Thema, z. B. in der PV 2, wo Fachkräfte aus den sozialen Bereichen gesucht werden, oder der PV 3, wo dringend technik-affine Fachkräfte benötigt werden.

Angesichts dieser Problemlage erscheint eine Reform der Personal- (entwicklungs) -systeme des öffentlichen Dienstes dringend erforderlich. Die Rekrutierung von Personal und seine Ausbildung werden im öffentlichen Dienst in Deutschland insbesondere durch das Laufbahnsystem strukturiert. Das Laufbahnsystem sieht vor, dass Beamte, die mit einem je nach Laufbahn speziellen Verfahren rekrutiert werden, nach Abschluss ihrer Ausbildung in den öffentlichen Dienst eintreten, dort ihr Berufsleben bis zum Erreichen des Eintrittsalters in den Ruhestand verbringen werden – und zwar genau in der Laufbahn, in der sie einst begonnen haben (Demmke, 2019) .

Das Laufbahnsystem steht paradigmatisch für die Vorstellung einer stabilen und klar strukturierten Arbeitswelt, basiert es doch auf der Annahme, dass sich Personalbedarf, Einsatzfelder und die individuellen Karrierewege der Beamt*innen langfristig planen lassen. In einer digitalen Gesellschaft ist das Laufbahnsystem dysfunktional: Es erlaubt keine schnellen Anpassungen der Leistungen und Funktionen der öffentlichen Verwaltung an veränderte Erwartungen von Politik, Bürgern oder Wirtschaft. Auch Quereinstiege aus anderen Sektoren sind nur bedingt möglich. So wirkt das Laufbahnrecht hinderlich, wenn es darum geht, Externe mit den richtigen digitalen Kompetenzen den Einstieg in die öffentliche Verwaltung zu ermöglichen (Mergel, 2019, S. 166).

In den vergangenen Jahren wurde das Beamtenrecht bereits deutlich reformiert. So wurde u.a. im Rahmen der Föderalismusreform I 2006 die Gestaltung des Laufbahnrechts für Beamte auf Landes- und kommunaler Ebene in die Verantwortung der Länder übertragen. Diese haben von ihren Kompetenzen auch Gebrauch gemacht – wenngleich in unterschiedlicher Intensität – und beispielsweise das System der Laufbahngruppen und die Zahl der Laufbahnen reformiert (Lorig, 2011). Das Ergebnis ist, dass es gegenwärtig 17 (16 Länder plus Bund) unterschiedliche Regelungen für das Laufbahnrecht in Deutschland gibt. Die Reformen auf Bundes- und Länderebene hatten aber allesamt inkrementellen Charakter – sie geben keine Antworten auf die Herausforderungen einer modernen Verwaltung 4.0. Folgende Problemfelder sind zu bearbeiten:

- *Vertikale Durchlässigkeit*: das System der Laufbahngruppen (auf Ebene des Bundes die vier Gruppen einfacher, mittlerer, gehobener und höherer Dienst) ist weitgehend undurchlässig und wirkt als Aufstiegssperre für motivierte Mitarbeiter*innen oder Quereinsteiger*innen. Für Beschäftigte, die im Endamt einer Laufbahn angekommen sind, stellt sich nicht nur die Frage der alltäglichen Motivation – es gibt gegenwärtig auch keine Anreize für das in einer digitalen Welt unabdingbare lebenslange Lernen und die kontinuierliche Weiterqualifizierung.
- *Horizontale Durchlässigkeit*: das Laufbahnsystem schränkt zudem die Möglichkeiten ein, in anderen Feldern der öffentlichen Verwaltung Erfahrungen zu sammeln bzw. bereits gemachte Erfahrungen bei der Beurteilung und Eingruppierung geltend zu machen.
- *Mobilität zwischen öffentlichem und privatem Sektor:* Ebenso wenig wie Wechsel zwischen den verschiedenen Feldern der öffentlichen Verwaltung sind Wechsel zwischen Beschäftigung im öffentlichen Sektor und Beschäftigung im privatwirtschaftlichen oder zivilgesellschaftlichen Sektor vorgesehen. Auch dies erschwert die Idee des agilen Projektmanage-

ments, Teams mit Personen aus unterschiedlichen Erfahrungsbereichen zusammenzusetzen.

Eine stärkere vertikale und horizontale Durchlässigkeit sowie Mobilität zwischen dem öffentlichen und dem privaten Sektor erscheint aus Sicht des deutschen Dienstrechts als vergleichsweise radikales Reformvorhaben. Ein Blick in die Nachbarländer lehrt jedoch, dass es Alternativen zum Personalsystem des deutschen öffentlichen Systems gibt (Kuhlmann & Wollmann, 2013, S. 230 ff.). So kennen beispielsweise weder die skandinavischen Länder noch die Niederlande oder die Schweiz ein Laufbahnsystem. Stattdessen wird Personal nach dem sogenannten Positionssystem rekrutiert. Beschäftigte werden hier für eine konkrete, spezifische Stelle eingestellt – aber eben nicht für eine gesamte Laufbahn. In Skandinavien, in den Niederlanden und in der Schweiz wurde das Positionssystem nicht anlässlich der Digitalisierung der öffentlichen Verwaltung eingeführt. Es gehört hier vielmehr zum traditionellen Personalsystem des öffentlichen Dienstes. Das Personalsystem dieser Länder ist aber sicherlich ein wichtiger Faktor, weshalb die genannten Länder in den internationalen Rankings zur Digitalisierung der öffentlichen Verwaltung besser abschneiden als Deutschland.

8.2.3 Integration von Digitalisierungskompetenz in die Ausbildung

Empfehlung

Was?	Digitalisierungsrelevante Aspekte in Ausbildungsinhalte integrieren
Wer?	Innenminister von Bund und Ländern, IT-Planungsrat, (Aus-)Bildungsinstitutionen (Berufsschulen, Verwaltungsschulen, Fachhochulen des öffentlichen Dienstes, Hochschulen)
Wie?	Neue Lehrinhalte (Digitalkompetenz), neue Lehr- und Lernmethoden, digitalkompetentes Lehrpersonal

Neben der Frage, wie zukünftig Personal rekrutiert werden soll, ist auch zu diskutieren, wie digitalisierungsrelevante Aspekte in Ausbildungsinhalte integriert werden können. Das Ausbildungssystem des öffentlichen Dienstes ist komplex: Es ist zwischen den Ausbildungen für Angestellte und Beamte, für Bund oder Länder und für die verschiedenen Laufbahngruppen zu unterscheiden. Für den mittleren Dienst gibt es eine bundesweit einheitliche Ausbildung für Verwaltungsfachangestellte; der dienstbegleitende Unterricht wird maßgeblich von den Verwaltungsschulen durchgeführt. Die Ausbildung der Beamten im mittleren Dienst (Vorbereitungsdienst) ist durch die Verordnungen des Bundes bzw. der Bundesländer geregelt – hier kommt es zu länderspezifischen Besonderheiten. Für den gehobenen öffentlichen Dienst wiederum ist ein Studium erforderlich, das typischerweise an einer Hochschule für den öffentlichen Dienst absolviert wird. Die Hochschulen für den öffentlichen Dienst unterstehen der Aufsicht des Bundeslandes, in dem die Hochschule angesiedelt ist; die jeweils zuständige Behörde erlässt die Ausbildungs- und Prüfungsordnungen sowie die Ausbildungsrahmenpläne. Die Ausbildung für den höheren Dienst wiederum findet an Universitäten statt, die Bachelor- und Master-Studiengänge anbieten, die für eine Tätigkeit im öffentlichen Dienst qualifizieren.

So unterschiedlich die Einstiegswege in den öffentlichen Dienst sind, eines haben alle Ausbildungsgänge gemeinsam: Der Fokus liegt auf der Vermittlung von juristischem Wissen. Die Stärken des legalistischen Personalsystems liegen in der Sicherheit der Rechtsanwendung, die ein zentrales Lernziel darstellt. Was das legalistische Personalsystem jedoch nicht vermittelt, sind verwaltungsspezifisch ausgeprägte Kompetenzen im Bereich Führen und Managen, wie z. B. die eigenständige Mitwirkung an den Politik- und Verwaltungsprozessen, das Denken und Handeln in Netzwerken – auch über Fach- und Zuständigkeitsgrenzen hinaus – und Umsetzungs- und Organisationsreformkompetenzen. Nicht vermittelt werden auch die hierfür notwendigen Softskills wie etwa Kooperations- und Teamfähigkeit, Eigeninitiative und Eigenverantwortung (Reichard, 2014, S. 53). Zusammengefasst: In der Ausbildung zum öffentlichen Dienst fehlt gegenwärtig eine Sensibilität für just jene Kompetenzen, die für ein *digitales mindset* zentral sind.

Die Funktionalität eines legalistischen Personalsystems für eine moderne Verwaltung im modernen Staat wurde vielfach kritisch diskutiert, insbesondere auch im Kontext der ersten großen Verwaltungsreformwelle und der Einführung des Neuen Steuerungsmodells. Auch wenn das ‚Juristenmonopol in der öffentlichen Verwaltung' (Dahrendorf, 1962) in den vergangenen Jahren an einigen Stellen aufgebrochen wurde, so fehlt es doch weiterhin an grundlegenden Reformen. Dies gilt gerade für die mittlere Ebene der Verwaltungsfachangestellten, deren Ausbildungsordnung aus dem Jahr 1999 stammt und die seitdem nicht mehr reformiert wurde (s. auch Wendel 2019).

Notwendig sind

- neue Lehrinhalte: Vermittlung von Digitalkompetenz, die neben der persönlich-instrumentellen Dimension des Umgangs mit IT und elektronischen Inhalten auch die integrierte Gestaltung von Recht, Organisation und Technik sowie die Anpassung der Führungstätigkeit umfasst (Ogonek et al., 2020).
- neue Lehr- und Lernmethoden: computerbasierte Lernformen mit tutorieller Unterstützung (z. B. Webinare, blended learning) und ohne tutorielle Unterstützung (z. B. Podcasts, Videos, Apps). Wenn Selbstverant-

wortung und Eigeninitiative neue Kompetenzerwartungen an die Beschäftigten in der öffentlichen Verwaltung sind, so kann und sollte sich diese auch in entsprechenden, die Selbstlernkompetenz fördernden Lehr- und Lernformaten widerspiegeln.
- digitalkompetentes Lehrpersonal: nicht nur Auszubildende und Studierende, sondern auch Ausbilder*innen, Berufsschullehrer*innen und Professor*innen brauchen digitale Kompetenzen.

Die öffentliche Diskussion über die Reform der Ausbildung im öffentlichen Dienst ist in Bewegung gekommen. So hat sich das Bundesinstitut für Berufsbildung (BIBB) grundlegend mit der beruflichen Bildung im öffentlichen Dienst auseinandergesetzt. In Kooperation mit den Sozialparteien, den Verordnungsgebern und Vertreter*innen der Hochschulen, der Studieninstitute sowie der Aus- und Fortbildungspraxis wurden Reformbedarfe sondiert und Handlungsempfehlungen für eine Neuordnung der beruflichen Ausbildung formuliert (Projektbeirat „Berufliche Bildung im Öffentlichen Dienst“, 2018). Darüber hinaus hat der IT-Planungsrat Studien zum Wandel von Berufsbildern und Kompetenzanforderungen in der Verwaltung 4.0 in Auftrag geben (IT Planungsrat, 2019) – aber auch hier steht eine Integration in die Praxis noch aus. Schlussendlich hat sich das FührDiV-Teilprojekt der Verwaltungsschule Bremen mit der Überarbeitung des Ausbildungsprofils für Verwaltungsfachangestellte auseinandergesetzt und u.a. durch Publikationen den Reformdiskurs weiter vorangetrieben (Wendel, 2019). Die Innenminister von Bund und Ländern, der IT-Planungsrat, die Leitungen der (Aus-) Bildungsinstitutionen (Berufsschulen, Verwaltungsschulen, Fachhochschulen des öffentlichen Dienstes, Hochschulen) sollten daher die begonnenen Aktivitäten weiter intensivieren, um Beschäftigten des öffentlichen Dienstes bereits beim Eintritt in die öffentliche Verwaltung Digitalkompetenz zu vermitteln. Das vom IT-Planungsrat initiierte Projekt *Qualifica Digitalis* widmet sich diesem Anliegen, mit dem Ziel, digitale Kompetenzen als Querschnittskompetenzen zu identifizieren und in die Ausbildung von Verwaltungsmitarbeiter*innen aller Hierarchieebenen zu integrieren.

8.3 Ansatzpunkte für Personalräte und Gewerkschaften

Mit der Veränderung der Arbeitswelt ergeben sich für Personalräte eine Vielzahl von Handlungsfeldern, wie z. B. Datenschutz, Arbeits- und Gesundheitsschutz, Beschäftigungssicherung, Arbeitszeitschutz, Weiterbildung und Qualifizierung sowie Anforderungen an digitale Arbeit. Damit erweitert sich auch die Rolle der Mitbestimmung, insbesondere bei der Neubewertung von Stellen und der Gestaltung der Arbeitsorganisation.

8.3.1 Digitalisierung im Sinne der Beschäftigten gestalten

Empfehlung

Was? Digitalisierungsvorhaben vonseiten der Mitbestimmung aktiv mitgestalten
Wer? Personalmanagement, Personalräte, Gewerkschaften
Wie? Dienstvereinbarungen, kollaborative Formate auf Projektbasis, digitaler Kompetenzerwerb für Personalräte

„Digitalisierung muss einen praktischen Mehrwert für die Beschäftigten bringen." Dieses Zitat einer Personalrätin aus dem Projekt FührDiV weist auf die künftige Aufgabe von Mitbestimmung hin, mögliche Auswirkungen von Digitalisierungsvorhaben vorab zu prüfen. Es gilt nicht nur, negative Folgen wie die Einengung von Entscheidungsspielräumen, Mehrbelastung, Überwachung und Leistungskontrolle durch den Einsatz neuer Technologien zu vermeiden, sondern Arbeitsbedingungen grundsätzlich zu verbessern und Arbeit aufzuwerten. Dafür müssen Personalräte in der Lage sein, eine Risikobewertung des Einsatzes von neuen Technologien am Arbeitsplatz vorzunehmen. Die mitbestimmungs- und beteiligungsorientierte Herangehensweise im Projekt FührDiV erlaubte, Nutzen und Risiken neuer Technologien wie z. B. im E-Einkauf oder den Einsatz von Messenger-Diensten im Vorfeld mit allen Beteiligten zu diskutieren und Entscheidungen der konkreten Ausgestaltung gemeinsam zu treffen.

Ein wichtiger Ansatzpunkt für die Mitbestimmung ist ein enger Dialog mit allen Beschäftigtengruppen, um herauszufinden, was genau den Mehrwert von Digitalisierung ausmacht. Das kann für die Bauingenieurin im Außendienst etwas ganz anderes bedeuten als für den Sachbearbeiter im Bürgerbüro. Regelmäßige Mitarbeiterbefragungen zu Motivation, Belastungen und Arbeitszufriedenheit aber auch zur IT-Bestandsaufnahme wie in der PV 2 helfen dabei, mögliche Gefährdungen zu identifizieren und Ansatzpunkte für Verbesserungen herauszuarbeiten. Im Projekt FührDiV wurden diese Fragestellungen zur Gestaltung des digitalen Arbeitens in verschiedenen Veranstaltungsformaten bearbeitet, wie z. B. in Szenario-Workshops einzelner Fachbereiche, Großgruppenveranstaltungen zur Erstellung eines Leifadens „Gute Führung" oder Diskussionsrunden mit Fachexperten der Gewerkschaft ver.di.

Wenn in einer digitalisierten Arbeitswelt lebensphasenorientierte Arbeitsmodelle zukünftig mehr Bedeutung erlangen, Projektarbeit zunehmend in wechselnden Teams und Arbeitskontexten stattfindet und Beschäftigte mehr Einfluss auf die konkrete Ausgestaltung ihrer Arbeit nehmen, verändert sich auch die Art und Weise, wie Mitbestimmung stattfindet (Meinert et al., 2015, S. 46). In einem derartigen Arbeitsumfeld gewinnen direkte Formen der Mitbestimmung am Arbeitsplatz an Bedeutung. Im Rahmen von FührDiV konnten neue Formen des projektförmigen Engagements erprobt werden, wo sich Beschäftigte temporär und ihren Interessen entsprechend beteiligen konnten. Beispiele hierfür sind die Barcamps und World-Café-Formate in der PV 5. Nicht zuletzt sind auch Formate denkbar, die über die Organisationsgrenzen der Verwaltung hinausgehen, z. B. durch Vernetzung mit Bürger*innen und Lieferant*innen. Mitbestimmung erhält dadurch den Charakter eines „Laboratoriums für sich verändernde Arbeitswelten“ (Meinert et al., 2015, S. 10), in dem Themen und Anliegen der Digitalisierung gemeinsam mit Belegschaft und Arbeitgeberseite entwickelt werden.

Eine zentrale Aufgabe von Mitbestimmung ist es, dafür zu sorgen, dass adäquate Qualifizierungs- und Weiterbildungsangebote für alle Beschäftigtengruppen angeboten werden. Ein besonderes Augenmerk liegt dabei auf der altersgerechten Ausgestaltung des Qualifizierungsprofils für alle Mitarbeiter*innen, insbesondere für die Geringqualifizierten in Zusammenarbeit mit der Personalentwicklung. Die Evaluation konnte zeigen, dass die Modalitäten der Zusammenarbeit zwischen Personalrat und Personalentwicklung in den meisten Pilotverwaltungen positiv bewertet wurden. Weiterhin gilt es, Schutzräume gegen die Entgrenzung von Arbeit einzurichten und die Beschäftigten dabei zu unterstützen, selbst Grenzen zu setzen. Aber auch Personalräte benötigen eine einschlägige Expertise zum Thema „digitale Veränderung der Arbeitswelt“, z. B. durch Vernetzung, Austausch und durch fachlichen Input vonseiten gewerkschaftlicher Akteure. Die in mehreren Pilotverwaltungen durchgeführten FührDiV-Workshops für den Gesamtpersonalrat lieferten dazu einen hilfreichen Beitrag.

Zur Stärkung ihrer Verhandlungsposition sollten Gewerkschaften eigene Digitalisierungsexpert*innen beschäftigen, um die Gestaltung digitaler Technologien im Sinne „guter Arbeit“ zu beeinflussen und um negativen Auswirkungen der Digitalisierung wie z. B. Standardisierung, Autonomiebeschränkung und Kontrolle entgegenzuwirken (Oerder et al., 2018, S. 4; Staab & Prediger, 2019, S. 188). Fallstudien zur Verhandlungsmacht von Betriebsräten haben gezeigt, dass ihre arbeitspolitische Entwicklung pfadabhängig verläuft, d. h. ihre bisherige Machtposition reproduziert sich im Kontext der digitalen Transformation (Niehaus & Katzan, 2020, S. 51). Im Vergleich zu vielen Kolleg*innen in der Privatwirtschaft haben Personalräte eine recht starke Ausgangsposition. Dennoch sollten auch die Personalräte proaktiv bei der Gestaltung der digitalen Transformation mitwirken und für sich selbst genau festlegen, was sie für die Beschäftigten in Bezug auf die digitale Transformation erreichen wollen und ein entsprechendes arbeitspolitisches Leitbild ausformulieren (ebd.). Durch das beteiligungsorientiert angelegte Projekt FührDiV konnten die Personalräte diese Rolle erfolgreich ausüben.

In einer komplexen, sich dynamisch verändernden und vielfältigen Arbeitswelt können Dienstvereinbarungen mit Experimentier- oder Öffnungsklauseln einen Beitrag dazu leisten, innovative Lösungen zu entwickeln. Im Projekt FührDiV wurde in der PV 5 eine Rahmen-Dienstvereinbarung zur Gestaltung des digitalen Wandels mit Experimentierklausel verabschiedet. Sie bietet die Möglichkeit, befristete Ausnahmen in Form von Pilotphasen für Digitalisierungsvorhaben zu beantragen. Personalrat und Gleichstellungsbeauftragte werden entsprechend der gesetzlichen Grundlagen am Entscheidungsverfahren beteiligt.

8.3.2 *Förderung digitaler Kompetenz durch lebenslanges Lernen*

Empfehlung

Was?	Digitalisierung und lebenslanges Lernen
Wer?	Personalmanagement, Personalräte, Fort- und Weiterbildungsinstitute für die öffentliche Verwaltung
Wie?	Digitalisierungsbedingte Qualifizierungsbedarfe erheben, tarifliche Möglichkeiten zum lebenslangen Lernen nutzen

In der digitalen Verwaltung ist die Veränderung ein Dauerzustand: Da der technische Fortschritt in immer schnelleren Zyklen erfolgt, werden sich auch Arbeitsformate und Arbeitsmittel fortwährend wandeln, ebenso wie die gesellschaftlichen Erwartungen an den Umgang mit neuen Technologien in der öffentlichen Verwaltung. Die Digitalisierung erzeugt kontinuierliche Lernanlässe und verschafft der Idee des lebenslangen Lernens neue Aktualität. Damit die Beschäftigten der öffentlichen Verwaltung den sich immer wieder verändernden Kompetenz-und Qualifikationsanforderungen gerecht werden können, muss nicht nur die Ausbildung, sondern auch die berufliche Fort- und Weiterbildung neu gedacht werden (Berger & Iller, 2019; Unger, 2019). Auch das Ziel der größeren Durchlässigkeit der Berufs- und Karrierewege in der öffentlichen Verwaltung setzt Reformen bei der beruflichen Weiterbildung voraus. Ebenso wie bei der Ausbildung ist auch bei der beruflichen Weiterbildung der Dreiklang von neuen Lehrinhalten, neuen Lehr- und Lernmethoden und kompetentem Lehrpersonal entscheidend.

Nach § 5 TVöD/TV-L haben Beschäftigte ein Anrecht auf ein jährliches Qualifizierungsgespräch mit ihrer Führungskraft – ob daraus jedoch tatsächlich Qualifizierungsmaßnahmen resultieren, ist eine ganz andere Frage. Die Einführung von tariflichen Regelungen zur Qualifizierung haben Bund, Länder und Kommunen im Rahmen der Reform ihrer Tarifverträge (TVöD/TV-L) im Jahr 2006 beschlossen – also lange bevor der Digitalisierungsdiskurs die öffentliche Verwaltung erreichte. Die Regelungen zur Qualifizierung haben in den vergangenen fünfzehn Jahren allerdings kaum Wirkung erzeugt. Für die Beschäftigten unterliegt der Zugang zur betrieblichen Weiterbildung nach wie vor einer erheblichen, oft wenig transparenten Selektivität (Berger & Iller, 2019, S. 187). Zudem ist die Weiterqualifizierung bislang nicht systematisch mit Entscheidungen über den beruflichen Aufstieg verknüpft; für Beschäftigte stellt sich daher mitunter auch die Frage der Weiterbildungsmotivation.

Die bislang nur geringen Effekte der tariflichen Qualifizierungsregelungen werden neben dem fehlenden Verpflichtungscharakter der Regelungen auch auf fehlende Initiative der Tarifparteien zurückgeführt. Die Umsetzung der im Tarifvertrag vereinbarten Qualifizierungsregelungen ist in den Verwaltungen bislang kaum durch die Tarifparteien begleitet worden, auch für die Personalräte ist die Weiterbildung vielfach kein zentrales Handlungsfeld (Bahnmüller & Hoppe, 2016). Auch im Rahmen des FührDiV-Projektes wurde in den verschiedensten Pilotverwaltungen immer wieder über Arrangements für ‚lebenslanges Lernen' diskutiert, aber es wurde in keiner Pilotverwaltung zum Projektgegenstand gemacht. Ein erster Schritt hin zu einer bildungsorientierten Verwaltung, in der Maßnahmen zur Kompetenzentwicklung und digitalisierungsbedingten Anpassungsqualifizierung zum Alltag der Personalverwaltung gehören, wäre, dass die Tarifparteien die Weiterbildung als ein Handlungsfeld für sich entdecken.

8.3.3 Ansätze für einen Digitalisierungstarifvertrag

Empfehlung

Was?	Digitalisierung der öffentlichen Verwaltung auf tariflicher Ebene gestalten
Wer?	Arbeitgeber-Vertreter auf Ebene von Bund, Ländern und Kommunen (Innenminister von Bund und Ländern, VKA), ver.di, Beamtenbund
Wie?	Gemeinsame Standards guter digitaler Arbeit entwickeln

Die Ausführungen zu dieser Handlungsempfehlung zeigen, dass die bisherigen tariflichen Regelungen zu schwach sind, um einerseits einen Innovationsschub in der öffentlichen Verwaltung auszulösen und andererseits die Sorgen der Beschäftigten vor Digitalisierungsfolgen adäquat aufzufangen.

Dass die bisherigen Regelungen nicht hinreichend sind, um der Herausforderung der Digitalisierung der öffentlichen Verwaltung adäquat zu begegnen, wird teilweise auch von den Tarifparteien anerkannt. Auf Bundesebene wurden vor diesem Hintergrund bereits Gespräche über einen Digitalisierungstarifvertrag für den öffentlichen Dienst aufgenommen (Friedrich-Ebert-Stiftung, 2019; Ver.di, 2019). Noch gibt es jedoch keine Ergebnisse. Auf Ebene der Länder und der Kommunen, wo die Mehrzahl der im öffentlichen Sektor beschäftigten Personen tätig ist, ist die Debatte noch deutlich weniger weit vorangeschritten.

In den Diskussionen der FührDiV-Projektgruppen wurde eine ganze Reihe von Themen adressiert, die im Rahmen eines Digitalisierungstarifvertrags zu klären sind:

- *Digitalisierung & Qualifizierung*: Über welche Rechte verfügen Beschäftigte hier? Welches Budget wird hierfür bereitgestellt? Wie sieht eine Implementationsarchitektur für die berufliche Fort- und Weiterbildung und das lebenslange Lernen aus? Werden entsprechende Beratungsstrukturen aufgebaut? Wie werden Anbieter ausgewählt und wie werden Inhalte und Curricula bestimmt?
- *Digitalisierung & Arbeitszeit und -ort*: Wie sehen Regeln aus, die Beschäftigten mehr Flexibilität bei der Wahl von Arbeitszeit und -ort ermöglichen, ohne einer weiteren Entgrenzung der Erwerbsarbeit Vorschub zu leisten? Eine einfache Übertragung der Regeln der analogen Arbeitswelt auf die Arbeitswelt 4.0. erscheint hier wenig sinnvoll: wenn alles so bleibt, wie es ist, bleiben den Beschäftigten auch die Chancen der Digitalisierung (z. B. für eine bessere Vereinbarkeit von Familie und Beruf) verwehrt.
- *Digitalisierung & Arbeits- und Gesundheitsschutz*: Arbeiten und Kommunikation mit Maschinen ist alles andere als ein neues Thema für den Arbeits- und Gesundheitsschutz. Mit der Digitalisierung nimmt aber die Mensch-Maschinen-Interaktion eine neue Qualität an: Maschinen werden zu Kollegen (Robotik), Mensch und Maschine verschmelzen (Augmentation), Maschinen statt Menschen entscheiden (KI). Daraus kann Technikstress resultieren, sei es, dass Beschäftigte sich bei der Bedienung neuer technischer Geräte überfordert fühlen, oder dass die Merkmale der neuen Technologien (z. B. in Bezug auf Schnelligkeit oder ständige Erreichbarkeit) zu psychischer Belastung führen. Die tradierten Instrumente des Arbeits- und Gesundheitsschutzes basieren darauf, dass Verantwortliche den tatsächlichen Vollzug der Arbeit genau nachvollziehen und die Einhaltung von Regeln überprüfen können – genau diese Möglichkeit entfällt jedoch mit der digitalisierungsbedingten Flexibilisierung von Arbeit. Arbeits- und Gesundheitsschutz in der Verwaltung 4.0 muss daher die Selbstverantwortung der Beschäftigten stärken, Füh-

rungs- und Organisationskultur als Instrument des Arbeits- und Gesundheitsschutzes verstehen, die Expertise der Beschäftigten mit Blick auf die eigenen Arbeitsprozesse systematisch miteinbeziehen – und zwar von Beginn an, schon bei der Gestaltung der Arbeitsabläufe –, und Arbeitsschutz als Prozess (was etwa die psychischen Belastungen betrifft) verstehen. Umso wichtiger ist es, dass sich die Arbeitgeberseite verstärkt um Belange des Gesundheitsschutzes für die Beschäftigten kümmert, etwa durch den Ausbau des betrieblichen Gesundheitsmanagements.

- *Digitalisierung & Verwaltungskooperation:* Die Digitalisierung verändert die bestehenden Strukturen des Verwaltungsaufbaus sowohl in vertikaler als auch in horizontaler Hinsicht. Digitalisierung begünstigt Zentralisierungsprozesse (um z. B. einheitliche Datenformate und Interoperabilität zu gewährleisten) und erleichtert politikfeldübergreifende Kooperation (z. B. mit dem Ziel der integrierten Planung oder integrierten Versorgung). Die Mitbestimmungsstrukturen sind aber gegenwärtig auf eine solche ebenen- und politikfeldübergreifende Zusammenarbeit nicht ausgerichtet und bedürfen einer Anpassung.

9. Lessons Learned: Wie sich Verwaltung auf die digitale Transformation vorbereiten kann

Welchen Nutzen hat das Projekt FührDiV nun tatsächlich gestiftet? Rufen wir uns dazu die Evaluationsziele noch einmal in Erinnerung: Ziel der wissenschaftlichen Begleitforschung war es zu untersuchen,

- zu welchen direkten sicht- und messbaren Ergebnissen (Output) die Projektaktivitäten in den beteiligten Pilotverwaltungen geführt haben,
- welche Veränderungen Führungskräfte und Mitarbeiter*innen nach Umsetzung der Modellvorhaben bei sich selbst wahrnehmen (Outcome) und
- welche organisationalen Rahmenbedingungen förderlich bzw. hinderlich waren, um die Projektziele zu erreichen.

Die Ausgangslage bestätigte unsere These von der schwach digitalisierten Verwaltung. In fast allen Pilotverwaltungen standen größere Digitalisierungsvorhaben wie z. B. der E-Einkauf oder die E-Akte bereits in den Startlöchern. Es fehlte jedoch an einer übergeordneten organisationalen Strategie für die Umsetzung. Vorhandene Arbeitsregeln der analogen Welt passten nur bedingt zu agilen und mobilen Arbeitsformen. Zudem war vielen Projektgruppenmitgliedern am Anfang überhaupt nicht klar, was der digitale Wandel mit ihrem realen Arbeitsumfeld zu tun hat. Unsere Forschungsfragen lassen sich demnach wie folgt beantworten:

1. Auf der Output-Ebene entstanden zahlreiche Produkte, Qualifizierungsformate und Handlungshilfen zur Gestaltung der digitalen Arbeitsorganisation. Einige der Entwicklungen modifizieren bestehende Strukturen der Ablauforganisation, wie z. B. das Duale Betriebssystem oder die neugeschaffene Matrixorganisation für Digitalisierungsvorhaben. Die Projektgruppenmitglieder berichteten von wertvollen Erfahrungen, die sie durch die Teilnahme am Projekt gesammelt haben, obwohl es ihnen zu Anfang sehr schwerfiel, eigene Handlungsbedarfe für das Thema „Digitalisierung" zu benennen bzw. eine Zielrichtung für das Projekt festzulegen. Die Projektergebnisse wurden in einem INQA-Handlungsleitfaden veröffentlicht und finden sich auch zum Download auf der Projekthomepage www.fuehrdiv.org. Damit sind sie bundesweit für alle interessierten Verwaltungen nutzbar. Ebenfalls für alle interessierten Verwaltungen nutzbar ist die Toolbox zur Strategischen Personalplanung. Zur Verfügung stehen auch die INQA- Checks für die öffentliche Verwaltung für die Themen Führung, Wissen & Kompetenz sowie Gesundheit, die in einem Teilprojekt von FührDiV spezifisch auf die Besonderheiten der öffentlichen Verwaltung angepasst wurden. Auf die

Toolbox zur Strategischen Personalplanung und auf die INQA-Checks für die Verwaltung kann unter www.inqa.de zugegriffen werden.

2. Kurzfristige Wirkungen (Outcome) des Projekts finden sich bei den Mitgliedern der Projektgruppen sowie vereinzelt bei Führungskräften und Beschäftigten, die unmittelbar an den FührDiV-Aktivitäten beteiligt waren. Fast alle Projektgruppenmitglieder berichten von starken Sensibilisierungseffekten und einem individuellen Kompetenzzuwachs zum Thema „Digitalisierung", auch wenn viele die Zielerreichung des Projekts infrage stellten. Die Projektergebnisse der Online-Befragung sowie die Gruppendiskussionen belegen, dass erste Schritte in Richtung eines kulturellen Wandels in den teilnehmenden Dienststellen bzw. Verwaltungsbereichen stattgefunden haben. Zu den wichtigsten Erkenntnissen gehört, dass Digitalisierungsprojekte nur dann wirklich erfolgreich sind, wenn die drei Säulen Technik/IT, Organisation und Personal, Führung und Kultur gemeinsam gedacht werden und miteinander harmonieren. Das Projekt setzte wichtige Impulse für den Erwerb digitaler Kompetenzen, gab Raum für die Entwicklung innovativer Führungs- und Teamrollen, ermöglichte nicht nur die Anwendung neuer Kommunikationstechnologien, sondern auch die Erprobung neuer sozialer Kommunikationsformen und -wege, die zu schnelleren Entscheidungen und mehr Eigenverantwortung der Beschäftigten führen. Die positiven Effekte sind zahlreich, wenn auch räumlich und personell stark auf einzelne Teilbereiche der Pilotverwaltungen begrenzt: Mit FührDiV als Reallabor für die Arbeitswelt 4.0 gelang es, Kreativität freizusetzen, Interesse an der Entwicklung digitaler Innovationen zu wecken, hierarchische Entscheidungswege punktuell aufzubrechen sowie neue Lernformen und -orte auszuprobieren. Dabei wurde über die Grenzen der Nutzung von agilen Arbeitsformen diskutiert und festgestellt, dass diese sich vor allem für Innovationsprozesse, nicht aber für die standardisierten Routineaufgaben der öffentlichen Verwaltung eignen. In jeder Projektgruppe trafen wir engagierte Mitglieder, die ihre im Projekt erworbene Expertise zukünftig als Change Agents weitergeben könnten. Voraussetzung hierfür ist jedoch, dass der eingeschlagene Weg weiterhin beschritten wird und nach Projektende nicht ins Stocken gerät. Dafür müssen den Verwaltungen auch nach Projektende ausreichend Ressourcen zur Verfügung gestellt werden, insbesondere wenn ein interorganisationaler Austausch stattfinden soll.

3. Das Gelingen von Organisationsentwicklungs-Projekten wie FührDiV ist maßgeblich von der Unterstützung auf der organisationalen aber auch auf der politischen Ebene/Ebene der Sozialpartner abhängig (Mergel, 2019, S. 168). Verwaltung agiert in der Regel nicht innovationsgetrieben, ihre Mitarbeiter*innen sind es nicht gewohnt, selbst Entscheidungen zu treffen und haben wenig Erfahrung mit ergebnisoffenen Prozessen. Untersuchungen

zeigen, dass die Flexibilität, Agilität und Ideengenerierung in Organisationen umso ausgeprägter ist, je weniger zentralisiert und formalisiert Organisationsstrukturen sind (Preusser, Ivonne & Bruch, 2014, S. 36). Umgekehrt gilt aber auch, dass das Potential für Innovationen mit steigender Formalisierung und Zentralisierung sinkt. Auf diese Spezifika der öffentlichen Verwaltung muss Prozessbegleitung Rücksicht nehmen, wenn sie die Beschäftigten für eine Mitgestaltung der digitalen Transformation gewinnen will. Hierfür bedürfte es gerade in der Anfangsphase eines stärkeren fachlichen Inputs, z. B. in Form eines Baukastensystems für die Umsetzung von Digitalisierungsvorhaben. Ein weiterer kritischer Erfolgsfaktor ist die Einbindung der obersten Führungsebene. Im Projektverlauf hat sich wie im Lehrbuch gezeigt, dass dort, wo diese Einbindung fehlte, der Prozess zum Erliegen kam. Projekte wie FührDiV sollten deshalb stärker an bereits vorhandene Digitalisierungsvorhaben angedockt werden.

Ein Verdienst des Projekts FührDiV war die mitbestimmungs- und beteiligungsorientierte Herangehensweise, deren Qualität in den meisten Pilotverwaltungen sehr positiv bewertet wurde. Die Einsicht, dass Beteiligung ein zentraler Erfolgsfaktor für Digitalisierungsprozesse ist, wurde im Projekt bereits gelebt. Beteiligung bedeutete dabei die frühzeitige Einbindung und Mitwirkung von Personalrat, Führungskräften und Beschäftigten. Im Zeitalter des digitalen Wandels ergeben sich für die Interessenvertretung neue Ansatzpunkte für Mitbestimmung. Hier bot FührDiV den Personalräten eine Gelegenheit, Expertise auf einem für sie neuen Gebiet zu erwerben, um das Risikopotenzial digitaler Technologien besser einschätzen zu können und um die Interessen der Beschäftigten in Bereichen wie Daten- und Arbeitsschutz, Arbeitszeiten und Weiterbildung kompetent vertreten zu können.

Gute Arbeitsbedingungen in der öffentlichen Verwaltung müssen auch auf tariflicher Ebene gestaltet werden. Hier sind die tariflichen Regelungen bisher zu schwach, um dem immer schnelleren Wandel von Arbeitsformen, Arbeitsmitteln und Erwartungen der Beschäftigten gerecht zu werden. Handlungsbedarf besteht auch für eine Reform der starren Laufbahnsysteme, die die Durchlässigkeit der Berufs- und Karrierewege erschwert.

Die vorliegenden Ergebnisse liefern erste empirische Erkenntnisse, unter welchen personellen, organisatorischen und technischen Bedingungen der digitale Wandel in der öffentlichen Verwaltung gelingen kann. Dabei wurde deutlich, dass Digitalisierung in der Verwaltung nicht disruptiv erfolgt, sondern sich graduell und beständig in einer Vielzahl kleiner Schritte vollzieht (Dworschak & Zaiser 2016, S. 109). Veränderungsmanagement muss dieser pfadabhängigen Entwicklung der Verwaltung Rechnung tragen und explorative Vorgehensweisen entwickeln, um festgetretene Pfade und Handlungsroutinen zu verlassen (Schreyögg, 2013).

Für die Organisationsforschung ergeben sich interessante Einblicke in Möglichkeiten und Grenzen hybrider Organisationsmodelle in der Verwaltung. Es zeigte sich, dass die Fähigkeit, gleichzeitig Tagesgeschäft (Effizienz) *und* Innovation (Anpassungsfähigkeit) miteinander zu verbinden, unterschiedlich umgesetzt wurde: In einem Fall wurde ein duales Betriebssystem als Insellösung implementiert, in einem anderen Fall eine organisationsweite Matrixstruktur zur Umsetzung von Digitalisierungsvorhaben realisiert. Hier ergeben sich Anknüpfungspunkte für weitere empirische Forschungsarbeiten, z. B. über den Zusammenhang von Konfiguration und der Fähigkeit von Führungskräften, strukturelle Ambidextrie zu befördern (Magnusson et al. 2020). Weiterer Forschungsbedarf besteht in Bezug auf die Frage, wie im Kontext von Digitalisierung organisationales Lernen organisiert und auf Dauer gefördert werden kann.

Mit der Evaluationsstudie konnten wir Einblicke geben, wie und unter welchen Voraussetzungen Führung und Arbeitsbedingungen in der digitalisierten Verwaltung mitbestimmungs- und beteiligungsorientiert gestaltet werden können. Dennoch sollen an dieser Stelle auch die Limitationen der wissenschaftlichen Begleitforschung benannt werden. Die zentrale Limitation ergibt sich aus der geringen Fallzahl von sieben Pilotverwaltungen, die sich in Bezug auf Größe, Verwaltungstypus und Aufgaben zudem auch noch stark voneinander unterscheiden. Streng genommen nahmen aus jeder Pilotverwaltung sogar nur einzelne Ämter, Abteilungen, Dezernate oder Dienststellen am Projekt teil. Dementsprechend sind die Erkenntnisse aus dieser Studie nur bedingt verallgemeinerbar. Es bleibt fraglich, ob sich manche der im Projekt FührDiV entwickelten Maßnahmen überhaupt innerhalb ihrer Pilotverwaltung flächendeckend verbreiten werden. Besonders deutlich zeigen sich die Grenzen bei der Übertragbarkeit agiler Arbeitsformen innerhalb der hierarchisch gegliederten Verwaltung. Selbststeuerung von Teams kann nur gelingen, wenn die Mitarbeiter*innen über ausreichend Autonomiespielräume verfügen. Hier gilt es, auch über FührDiV hinaus Bereiche für weitere Anwendungsmöglichkeiten zu finden, aber auch Offenheit für etablierte Prinzipien der Arbeitsgestaltung, wie z. B. klassische Teamarbeit oder Projektmanagement zu zeigen. Wir möchten in Erinnerung rufen, dass gute Qualität der Arbeit unabhängig vom digitalen Wandel grundsätzlich im Mittelpunkt von Personal- und Organisationsentwicklung stehen sollte.

Sicherlich hätten einige der in diesem Bericht beschriebenen Entwicklungen auch ohne das Projekt FührDiv stattgefunden, d. h. die Nettoeffekte des Projektes fallen wahrscheinlich etwas geringer als hier dargestellt aus. Auch ist mit FührDiV in keiner Pilotverwaltung der Quantensprung ins digitale Zeitalter gelungen. Dennoch bewerten wir das Projekt FührDiV als

Erfolg. Durch die Teilnahme wurden zahlreiche Schlüsselakteure in den Pilotverwaltungen unterstützt, ein Grundverständnis von Digitalisierung und von der Bedeutung des digitalen Wandels zu erwerben. Letztendlich war FührDiV nach Aussage aller Projektgruppen ein wichtiger Treiber, durch den sowohl neue als auch bestehende Digitalisierungsvorhaben gebündelt angegangen und systematisch weiterentwickelt werden konnten.

Literatur

Albert, G. (2020). Idealtyp. In: H.-P. Müller & S. Sigmund (Hrsg.), Max Weber-Handbuch (S. 84–86). J.B. Metzler. https://doi.org/10.1007/978-3-476-05142-4_17.

Argyris, C., & Schön, D. A. (1978). *Organizational learning*. Addison-Wesley Pub. Co.

Avolio, B. J., Kahai, S., & Dodge, G. E. (2000). E-leadership. *The Leadership Quarterly*, *11*(4), 615–668. https://doi.org/10.1016/S1048-9843(00)00062-X.

Bahnmüller, R., & Hoppe, M. (2016). Tarifliche Qualifizierungsregelungen im öffentlichen Dienst: Wolf im Schafspelz oder zahnloser Tiger? In: Ver.di (Hrsg.), *Berufliche Weiterbildung in der Tarifpolitik der Vereinigten Dienstleistungsgewerkschaft ver.di* (S. 48–67).

Bartonitz, M., Lévesque, V., Michl, T., Steinbrecher, W., Vonhof, C., & Wagner, L. F. J. (Hrsg.). (2018). *Agile Verwaltung: Wie der Öffentliche Dienst aus der Gegenwart die Zukunft entwickeln kann*. Springer Gabler.

Bell, D. (1973). *The coming of post-industrial society: A venture in social forecasting*. Basic Books.

Berger, K., & Iller, C. (2019). Lückenbüßer im System – Kollektive Interessenvertretungen in der betrieblichen Weiterbildung. In: R. Dobischat, B. Käpplinger, G. Molzberger, & D. Münk (Hrsg.), *Bildung 2.1 für Arbeit 4.0?* (Bd. 6, S. 183–199). Springer Fachmedien Wiesbaden. https://doi.org/10.1007/978-3-658-23373-0_10.

Bogumil, J., Grohs, S., Kuhlmann, S., & Ohm, A. K. (2007). *Zehn Jahre Neues Steuerungsmodell. Eine Bilanz kommunaler Verwaltungsmodernisierung*. edition Sigma. http://www.gbv.de/dms/sub-hamburg/526301449.pdf http://www.gbv.de/dms/zbw/526301449.pdf.

Bogumil, J., Kuhlmann, S., Gerber, S., & Schwab, C. (2019). *Bürgerämter in Deutschland: Organisationswandel und digitale Transformation*. Nomos Verlagsgesellschaft mbH & Co. KG. https://doi.org/10.5771/9783748901778.

Böhm, S., Baumgärtner, M., Breier, C., Götz, T., & Walther, M. D. (2019). *Gesundheitliche Effekte des digitalen Wandels am Arbeitsplatz. Ergebnisse einer repräsentativen Längsschnittanalyse der Universität St. Gallen im Auftrag der Barmer Ersatzkasse,*. www.barmer.de/studie-digitalisierung.

Bömer, M., Saar, X., & Steffes, S. (2020). *Digitalisierung im Arbeitsalltag von Beschäftigten: Konsequenzen für Tätigkeiten, Verhalten und Arbeitsbedingungen. Forschungsbericht 555, erstellt im Auftrag des Bundesministeriums für Arbeit und Soziales*. Bundesministerium für Arbeit und Soziales.

Bormann, K. C., & Millhoff, C. (2020). Instrumente des Human Resource Managements. In: J. Rowold, K. C. Bormann, & U. Poethke (Hrsg.), *Innovationsförderndes Human Resource Management Grundlagen, Modelle und Praxis* (S. 37–55). Gabler Verlag. https://doi.org/10.1007/978-3-662-61130-2.

Braverman, H. (1975). *Labor and monopoly capital: The degradation of work in the twentieth century*. Monthly Review Press.

Brüggemeier, M. (2017). Was treibt Verwaltungsinnovation? Wissenschaft als Ersatz für fehlenden Wettbewerb. *Verwaltung & Management*, *23*(2), 59–68.

Buffat, A. (2015). Street-Level Bureaucracy and E-Government. *Public Management Review*, *17*(1), 149–161. https://doi.org/10.1080/14719037.2013.771699.

Bundesministerium für Familie, Senioren, Frauen und Jugend. (2019). *Nur das Ergebnis zählt! Leitfaden für mobiles Arbeiten in Bettrieben.*

Daft, R. L., & Lengel, R. H. (1986). Organizational Information Requirements, Media Richness and Structural Design. *Management Science, 32*(5), 554–571. https://doi.org/10.1287/mnsc.32.5.554.

Dahrendorf, R. (1962). Ausbildung einer Elite. Die deutsche Oberschicht und die juristischen Fakultäten. *Der Monat, 166*, 15–26.

Demmke, C. (2019). Reform der öffentlichen Dienste im internationalen Vergleich. In: S. Veit, C. Reichard, & G. Wewer (Hrsg.), *Handbuch zur Verwaltungsreform* (S. 373–383). Springer Fachmedien Wiesbaden. https://doi.org/10.1007/978-3-658-21563-7_33.

Dengler, K., & Matthes, B. (2018). Folgen der Digitalisierung für die Arbeitswelt: Substituierbarkeitspotenziale von Berufen in Deutschland. *IAB Kurzbericht, 4*, 34.

Döring, N. (2019). Evaluationsforschung. In N. Baur & J. Blasius (Hrsg.), *Handbuch Methoden der empirischen Sozialforschung* (S. 173–189). Springer Fachmedien Wiesbaden. https://doi.org/10.1007/978-3-658-21308-4_11.

Duwe, J. (2017). *Beidhändige Führung: Wie Sie als Führungskraft großen Organisationen Innovationssprünge ermöglichen.* Gabler. http://public.eblib.com/choice/publicfullrecord.aspx?p=5178338.

Dworschak, B., & Zaiser, H. (2016). Digitalisierung in Verwaltung, Öffentlichen Dienst und der Industrie. In N. Düll (Hrsg.), *Arbeitsmarkt 2030—Digitalisierung der Arbeitswelt* (S. 108–122). wbv Media. https://doi.org/10.3278/6004559w.

Europäische Kommission. (2020). *The Digital Economy and Society Index (DESI).* https://ec.europa.eu/digital-single-market/en/digital-economy-and-society-index-desi.

Friedrich, J. (2019). *Welche Veränderungen sich durch die Digitalisierung in Unternehmen einstellen.* https://www.sage.com/de-de/blog/welche-veraenderungen-sich-durch-die-digitalisierung-in-unternehmen-einstellen/.

Friedrich-Ebert-Stiftung. (2019). *E-Government und Gute Arbeit in der digitalisierten Verwaltung. Ein Interview mit Wolfgang Pieper (ver.di).* https://www.fes.de/themenportal-bildung-arbeit-digitalisierung/artikelseite/e-government-und-gute-arbeit-in-der-digitalisierten-verwaltung.

Giritli Nygren, K., Axelsson, K., & Melin, U. (2013). Public e-services from inside: A case study on technology's influence on work conditions in a government agency. *International Journal of Public Sector Management, 26*(6), 455–468. https://doi.org/10.1108/IJPSM-09-2011-0120.

Grohs, S. (2012). Die Umsetzung des Neuen Steuerungsmodells – eine empirische Bestandsaufnahme. In Hagn, Julia, Hammerschmidt, Peter, & Sagebiel, Juliane (Hrsg.), *Modernisierung der kommunalen Sozialverwaltung* (S. 103–127). AG Spak.

Henneberger-Sudjana, S., & Henneberger, F. (2018). Digitalisierung der Arbeitswelt – Auswirkungen auf die Beschäftigung und arbeitsrechtliche Herausforderungen. In: C. Arnold & H. Knödler (Hrsg.), *Die informatisierte Service-Ökonomie* (S. 35–62). Springer Fachmedien Wiesbaden. https://doi.org/10.1007/978-3-658-21528-6_3.

Heuberger, M. (2020). Digitaler Organisationswandel. In T. Klenk, F. Nullmeier, & G. Wewer (Hrsg.), *Handbuch Digitalisierung in Staat und Verwaltung* (S. 587–598). Springer Fachmedien Wiesbaden. https://doi.org/10.1007/978-3-658-23668-7_54.

Hill, H. (2016). Führung in digitalisierten Arbeitswelten. *Verwaltung & Management*, *22*(5), 241–249. https://doi.org/10.5771/0947-9856-2016-5-225.

Hinz, E., & Vollmann, S.-R. (2020). Personalmarketing für die öffentliche Verwaltung: Lebensphasenorientiertes Personalmanagement. In J. Beck & J. Stember (Hrsg.), *Der demographische Wandel: Zwischen Digitalisierung, Aufgabenwandel und neuem Personalmanagement* (1. Aufl., S. 209–226). Nomos Verlagsgesellschaft mbH & Co. KG. https://doi.org/10.5771/9783748902713-209.

Hoe, S. L. (2019). Digitalization in practice: The fifth discipline advantage. *The Learning Organization*, *27*(1), 54–64.

Hofert, S. (2018). *Das agile Mindset: Mitarbeiter entwickeln, Zukunft der Arbeit gestalten*. Springer Gabler.

Holtkamp, L. (2008). Das Scheitern des Neuen Steuerungsmodells. In: Dms-der moderne staat – Zeitschrift für Public Policy, Recht und Management Heft 2/2008, S. *dms – der moderne staat – Zeitschrift für Public Policy, Recht und Management*, 2, 423–446.

INQA, I. N. Q. der P. (2017). *INQA-Check Personalführung.*

IT Planungsrat. (2019). *Projektauftrag Forschungs- und Umsetzungsprojekt zur digitalen Qualifikation des öffentlichen Sektors; 29. Sitzung des IT-Planungsrats, Beschluss vom 27.06.2019.*

Kirkpatrick, D. L., & Kirkpatrick, J. D. (2006). *Evaluating training programs: The four levels* (3rd ed). Berrett-Koehler.

Klaffke, M. (2019). Einleitung: Büro als Katalysator agilen Arbeitens. In M. Klaffke, *Gestaltung agiler Arbeitswelten* (S. 1–5). Springer Fachmedien Wiesbaden. https://doi.org/10.1007/978-3-658-24864-2_1.

Klenk, T., Nullmeier, F., & Wewer, G. (Hrsg.). (2020). *Handbuch Digitalisierung in Staat und Verwaltung*. Springer VS. https://link.springer.com/referencework/10.1007/978-3-658-23669-4.

Kotter, J. P. (2014). *Accelerate: Building strategic agility for a faster moving world*. Harvard Business Review Press.

Kuhlmann, S., & Wollmann, H. (2013). *Verwaltung und Verwaltungsreformen in Europa*. Springer Fachmedien Wiesbaden. http://link.springer.com/10.1007/978-3-658-00173-5.

Lemke, H. (2013). IT-Einsatz in der öffentlichen Verwaltung. Sachstand, Herausforderungen, Perspektiven. *Die Verwaltung*, *46*(1), 123–134. https://doi.org/10.3790/verw.46.1.123.

Lenk, K. (2016). Die neuen Instrumente der weltweiten digitalen Governance. *Verwaltung & Management*, *22*(5), 227–240. https://doi.org/10.5771/0947-9856-2016-5-227.

Leonardi, P. M., Huysman, M., & Steinfield, C. (2013). Enterprise Social Media: Definition, History, and Prospects for the Study of Social Technologies in Organizations. *Journal of Computer-Mediated Communication*, *19*(1), 1–19. https://doi.org/10.1111/jcc4.12029.

Lewin, K. (1947). Frontiers in Group Dynamics: Concept, Method and Reality in Social Science; Social Equilibria and Social Change. *Human Relations*, *1*(1), 5–41. https://doi.org/10.1177/001872674700100103.

Lorenz, M. (2018). *Digitale Führungskompetenz: Was Führungskräfte von morgen heute wissen sollten*. Springer Fachmedien Wiesbaden. https://doi.org/10.1007/978-3-658-22673-2.

Lorig, W. H. (2011). Das Laufbahnwesen nach der Föderalismusreform – Auf dem Weg zu größerer Flexibilisierung und erhöhter Disponierbarkeit? In R. Koch, P. Conrad, & W. H. Lorig (Hrsg.), *New Public Service* (S. 181–211). Gabler. https://doi.org/10.1007/978-3-8349-6371-0_9.

Magnusson, J., Khisro, J., Björses, M., & Ivarsson, A. (2020). Closeness and distance: Configurational practices for digital ambidexterity in the public sector. *Transforming Government: People, Process and Policy*, *ahead-of-print*(ahead-of-print). https://doi.org/10.1108/TG-02-2020-0030.

Martini, M. (2017). Transformation der Verwaltung durch Digitalisierung. *DÖV*.

Meinert, S., Stetten, S. von;, Ehrenstein, I., Emons, O., Frerichs, M., Kluge, N., Lammert, U., & Stollt, M. (2015). *Mitbestimmung 2035. Vier Szenarien. Einladung zur Diskussion über die Mitbestimmung*. Hans-Böckler-Stiftung. https://www.mitbestimmung.de/assets/downloads/151204_HBS_Mitbestimmung_2035_Druckversion.pdf.

Mergel, I. (2019). Digitale Transformation als Reformvorhaben der deutschen öffentlichen Verwaltung. *der moderne staat – Zeitschrift für Public Policy, Recht und Management*, *12*(1–2019), 162–171. https://doi.org/10.3224/dms.v12i1.09.

Miebach, B. (2017). *Handbuch Human Resource Management: Das Individuum und seine Potentiale für die Organisation*. Springer.

Misgeld, M. (2020). E-Leadership. In: T. Klenk, F. Nullmeier, & G. Wewer (Hrsg.), *Handbuch Digitalisierung in Staat und Verwaltung*. Springer VS.

Mitchell, I. (2019). *Twenty Top Fails in Executive Agile Leadership (Part 1)*. https://dzone.com/articles/twenty-top-fails-in-executive-agile-leadership.

Moynihan, D. P., Pandey, S. K., & Wright, B. E. (2014). Transformational Leadership in the Public Sector: Empirical Evidence of its Effects. In Yogesh K., Dwivedi, Mahmud, Sanjay K. Pandey, & V. Kumar (Hrsg.), *Public Administration Reformation: Market Demand from Public Organizations* (S. 87–104). Routledge/Taylor and Francis.

Müller, Straatmann, T., Hörning, U., & Müller, F. (2011). Besonderheiten des Change Managements in öffentlichen Verwaltungen. *Verwaltung & Management*, *17*(4), 211–218. https://doi.org/10.5771/0947-9856-2011-4-211.

Munro, E. (2004). The Impact of Audit on Social Work Practice. *British Journal of Social Work*, *34*(8), 1075–1095. https://doi.org/10.1093/bjsw/bch130.

Nachwuchsbarometer Öffentlicher Dienst. (2019). *Gradmesser der Attraktivität des Öffentlichen Dienstes als Arbeitgeber bei Studierenden aller Fachrichtungen bundesweit*. Next:Public Beratungsagentur. https://www.nachwuchsbarometer-oeffentlicher-dienst.de/wp-content/uploads/2019/06/Inhaltsverzeichnis_verlinkt_Nachwuchsbarometer_Oeffentlicher_Dienst_2019.pdf.

Nelke, A. (2020). Chancen und Risiken für Employer Branding in der öffentlichen Verwaltung. In J. Beck & J. Stember (Hrsg.), *Der demographische Wandel: Zwischen Digitalisierung, Aufgabenwandel und neuem Personalmanagement* (1. Aufl., S. 267–282). Nomos Verlagsgesellschaft mbH & Co. KG. https://doi.org/10.5771/9783748902713-267.

Niehaus, M., & Katzan, J. (2020). Betriebsräte und Digitalisierung: Beispiele erfolgreicher Gestaltung und Begrenzung. *AIS-Studien*. https://doi.org/10.21241/SSOAR.67656.

Nitschke, M. (2018). Ist die öffentliche Verwaltung bereit für Agilität? *Innovative Verwaltung, 4*, 24–27.

Nullmeier, F. (2011). Wettbwerb und Konkurrenz. In B. Blanke, Christoph Reichard, F. Nullmeier, & G. Wewer (Hrsg.), *Handbuch zur Verwaltungsreform* (S. 150–160). VS, Verl. für Sozialwiss.

Oerder, K., Behrend, C., & Stokic, J. (2018). *Betriebsrat 4.0: Digitalisierung aus Sicht derBetriebsräte und deren Potential als Gestalter derdigitalen Arbeitswelt in NRW. FGW-Impuls Digitalisierung von Arbeit, 7*. Forschungsinstitut für gesellschaftliche Weiterenwicklung e. V. (FGW). https://nbn-resolving.org/urn:nbn:de:0168- ssoar-66339–4

Ogonek, N., Räckers, M., Gilge, S., & Hofmann, S. (2020). E-Kompetenzen. In T. Klenk, F. Nullmeier, & G. Wewer (Hrsg.), *Handbuch Digitalisierung in Staat und Verwaltung*. Springer VS. https://link.springer.com/referencework/10.1007/978-3-658-23669-4.

Petry, T. (Hrsg.). (2016). *Digital Leadership: Erfolgreiches Führen in Zeiten der Digital Economy* (1. Auflage). Haufe Gruppe.

Preusser, Ivonne, & Bruch, H. (2014). Leadership 2.0—Führung in digitalen Zeiten: Leadership- Chancen und Herausforderungen der Digitalisierung. In P. Mehlich, T. Brandenburg, M. T. Thielsch, & T. B. und M. T. T. (Hrsg)# M. : M. und V. I. 3–86991–438–6=978–3–86991–438–1 Patrick Mehlich (Hrsg.), *Praxis der Wirtschaftspsychologie: Themen und Fallbeispiele für Studium und Anwendung. 3: ...* Monsenstein und Vannerdat.

Projektbeirat „Berufliche Bildung im Öffentlichen Dienst". (2018). *Berufliche Bildung im Öffentlichen Dienst—Wandel aktiv gestalten. Empfehlungen des Projekbeirats 2018*.

Rackwitz, M., Hammerschmidt, G., Breaugh, J., & Palaric, E. (2020). *Government collaboration and digitalisation. Comparative case studies on collaborative management for government digitalisation and public sector innovation*. https://tropico-project.eu/download/d6-3-government-collaboration-and-digitalisation-comparative-case-studies-on-collaborative-management-for-government-digitalisation-and-public-sector-innovation/?wpdmdl=1440&refresh=5edd7332646091591571250.

Reichard, C. (2014). Das Personal der legalistischen Verwaltung. In K. König, S. Kropp, Kuhlmann, Sabine, Reichard, Christoph, Sommermann, Karl-Peter, & Ziekow, Jan (Hrsg.), *Grundmuster der Verwaltungskultur: Interdisziplinäre Diskurse über kulturelle Grundformen der öffentlichen Verwaltung* (1. Auflage, S. 47–66). Nomos.

Reithmeier, C. A. (2016). Der aktivierende Sozialstaat. In: J. Wintzer (Hrsg.), *Qualitative Methoden in der Sozialforschung* (S. 99–105). Springer Berlin Heidelberg. https://doi.org/10.1007/978-3-662-47496-9_11.

Ringbauer, A. (2017). *Qualitätsmanagement versus Agilität in IT-Unternehmen*. Springer Gabler.

Ritz, A. (2018). Führung im öffentlichen Sektor. In: S. Veit, C. Reichard, & G. Wewer (Hrsg.), *Handbuch zur Verwaltungsreform* (S. 1–13). Springer Fachmedien Wiesbaden. https://doi.org/10.1007/978-3-658-21571-2_37-1.

Rosenstiel, L. von, Regnet, E., & Domsch, M. E. (Hrsg.). (2014). *Führung von Mitarbeitern: Handbuch für erfolgreiches Personalmanagement* (7., überarbeitete Auflage). Schäffer-Poeschel Verlag.

Rump, J., Wilms, G., & Eilers, S. (2014). Die Lebensphasenorientierte Personalpolitik. In J. Rump & S. Eilers (Hrsg.), *Lebensphasenorientierte Personalpolitik* (S. 3–69). Springer Berlin Heidelberg. https://doi.org/10.1007/978-3-642-41665-1_1.

Schenk, B., & Dietrich, A. (2018). Die Digitale Transformation als Disruption der öffentlichen Verwaltung. In C. Arnold & H. Knödler (Hrsg.), *Die informatisierte Service-Ökonomie* (S. 261–275). Springer Fachmedien Wiesbaden. https://doi.org/10.1007/978-3-658-21528-6_12.

Schneider, C. (2018). Führungskräfteentwicklung für die Digitalisierung. *Innovative Verwaltung, 11*, 44–46.

Schreyögg, G. (2013). In der Sackgasse Organisationale Pfadabhängigkeit und ihre Folgen. *Organisationsentwicklung: Zeitschrift für Unternehmensentwicklung und Change Management, 32*(1), 21–28.

Schridde, H. (2019). Change Management. In: S. Veit, C. Reichard, & G. Wewer (Hrsg.), *Handbuch zur Verwaltungsreform* (S. 1–13). Springer Fachmedien Wiesbaden. https://doi.org/10.1007/978-3-658-21571-2_61-1.

Schulz, S. E. (2019). Social Media: Einsatz in der öffentlichen Verwaltung. In S. Veit, C. Reichard, & G. Wewer (Hrsg.), *Handbuch zur Verwaltungsreform* (S. 1–12). Springer Fachmedien Wiesbaden. https://doi.org/10.1007/978-3-658-21571-2_53-1.

Schwab, C., Kuhlmann, S., Bogumil, J., & Gerber, S. (2019). *Digitalisierung der Bürgerämter in Deutschland.* (Bd. 427). Hans-Böckler-Stiftung.

Senge, P. M. (2006). *The fifth discipline: The art and practice of the learning organization* (Rev. and updated). Random House Business Books.

Staab, P., & Prediger, L. J. (2019). *Digitalisierung und Polarisierung. Eine Literaturstudie zu den Auswirkungen des digitalen Wandels auf Sozialstruktur und Betriebe, (FGW-Impuls Digitalisierung von Arbeit, 19)*. Forschungsinstitut für gesellschaftliche Weiterentwicklung e. V. (FGW).

Steuck, A. (2019). *Mit einer schwarmintelligenten Verwaltung agil und stabil in die Zukunft: Eine empirische Untersuchung am Beispiel der Bundesverwaltung*. Springer Fachmedien Wiesbaden. https://doi.org/10.1007/978-3-658-27820-5.

Unger, F. (2019). Lebenslanges Lernen in der Öffentlichen Verwaltung fördern: Bedarfserhebung und Handlungsansätze zur Entwicklung von Modulen wissenschaftlicher Weiterbildung. In: L. Kolhoff (Hrsg.), *Aktuelle Diskurse in der Sozialwirtschaft II* (S. 35–56). Springer Fachmedien Wiesbaden. https://doi.org/10.1007/978-3-658-25915-0_3.

Vahs, D. (2015). *Organisation. Ein Lehr- und Managementbuch* (9. Aufl.). Schäffer-Poeschel Verlag.

Ver.di. (2019). *Digitalisierungstarifvertrag—Es geht los! Informationen der Vereinten Dienstleistungsgewerkschaft Fachbereich Bund + Länder 12/19*. https://bund-laender-nrw.verdi.de/++file++5dfba048f643dd072b3ef36d/download/20191217%20Fachbereichsinfo%20Digitalisierungstarifvertrag%20001.pdf.

Wald, P. M. (2014). Virtuelle Führung. In R. Lang & I. Rybnikova (Hrsg.), *Aktuelle Führungstheorien und -konzepte* (S. 355–386). Springer Fachmedien Wiesbaden. https://doi.org/10.1007/978-3-8349-3729-2_13

Wendel, H. A. (2019). „VFA 4.0“ – Neuordnung der Verwaltungsausbildung? *DVP, 70*(6), 231–234.

Widmer, T. (2000). Qualität der Evaluation – Wenn Wissenschaft zur praktischen Kunst wird. In: R. Stockmann (Hrsg.), *Evaluationsforschung: Grundlagen und ausgewählte Forschungsfelder* (S. 77–102). Leske + Budrich.

Wirtz, B. W., & Daiser, P. (2018). E-Government. In: R. Voigt (Hrsg.), *Handbuch Staat* (S. 981–995). Springer Fachmedien Wiesbaden. https://doi.org/10.1007/978-3-658-20744-1_88.

W.K. Kellogg Foundation. (2004). *Kellogg Foundation (2004): Using Logic Models to Bring Together Planning, Evaluation, and Action. Logic Model Development Guide*. https://bttop.org/sites/default/files/public/W.K.%20Kellogg%20LogicModel.pd.

Anhang – Informationen zum Projektkontext

Das Projekt ‚*Führung in der digitalisierten öffentlichen Verwaltung – Social Labs & Tools für die demokratische Verwaltungskultur von heute*' (FührDiV), das unter dem Dach der Initiative Neue Qualität der Arbeit (INQA) initiiert und vom Bundesministerium für Arbeit und Soziales (BMAS) gefördert wurde, hatte sich ein aktives Veränderungsmanagement in sieben ausgewählten Pilotverwaltungen zum Ziel gesetzt.

Die Unternehmensberatung wmp consult begleitete als Projektnehmer Führungskräfte, Personalräte und Beschäftigte in den Pilotverwaltungen dabei, gemeinsam neue Arbeitsformen und gute Arbeitsbedingungen im Umgang mit digitalen Techniken zu entwickeln. Das bfw – Unternehmen für Bildung unterstützte die Pilotorganisationen als Bildungsträger bei der Konzeption und Umsetzung von Trainingsangeboten. Jede Pilotverwaltung hatte eine Projektgruppe eingerichtet, um modellhaft praktische Lösungen zu erproben. Die Laufzeit des Modellprojektes begann am 01.07.2017 und endete zum 31.12.2019. Folgende Pilotverwaltungen nahmen an dem Projekt teil:

- Das *Amt für Soziale Dienste (AfSD)* bietet für das Land und die Stadtgemeinde Bremen soziale Dienstleistungen in sieben dezentral arbeitenden über das Stadtgebiet Bremen hinweg verteilten Sozialzentren an. Vom Elterngeld über einen Kindertagesbetreuungsplatz bis hin zum Unterhaltsvorschuss für Kinder können Leistungen beantragt werden. Zugleich erhalten Erwachsene, Eltern, Kinder und Familien in allen Lebenslagen, in denen Unterstützung gefragt und geboten ist, Beratung und Hilfen. Als Jugendamt nimmt das Amt für Soziale Dienste auch hoheitliche Aufgaben wahr, wie den Schutz von Kindern und die Mitwirkung in jugendgerichtlichen Verfahren. Als Sozialamt unterstützt das Amt für Soziale Dienste Bürgerinnen und Bürger, die nicht voll erwerbsfähig sind, durch Leistungen nach dem zwölften Sozialgesetzbuch. Die Fachkräfte beraten Erwachsene in besonderen sozialen Schwierigkeiten, ältere Menschen und Menschen mit Behinderungen, die hilfebedürftig sind. Zu Projektbeginn waren 1034 Personen im Amt beschäftigt, davon waren 211 verbeamtet; der Anteil der weiblichen Beschäftigten ist in diesem Amt vergleichsweise hoch (764 von 1034 Beschäftigten waren zu Projektbeginn weiblich). Ca. die Hälfte der Beschäftigten im AfSD arbeitete zu Projektbeginn in Teilzeit, die andere Hälfte Vollzeit.

- Die *Verwaltungsschule der Freien Hansestadt Bremen* ist zuständig für die schulisch-theoretische Ausbildung in Berufen der allgemeinen Verwaltung und der Justizverwaltung auf der mittleren Funktionsebene. Sie verantwortet schulische Teile der Beamtenausbildung im mittleren Dienst (zurzeit nur noch im Justizvollzug). Zusätzlich ist sie an der Ausbildung für den gehobenen allgemeinen Verwaltungsdienst beteiligt, indem sie für die Studierenden die Theorie-Praxis-Module im Rahmen des dualen Studiengangs Public Administration an der Hochschule Bremen durchführt. Schließlich unterstützt die Verwaltungsschule die Senatorin für Finanzen auch bei der Mitarbeiterfortbildung. In Bezug auf die Beschäftigtenzahlen ist die Verwaltungsschule der Freien Hansestadt Bremen die kleinste der Pilotverwaltungen: Zehn hauptamtliche Verwaltungsschullehrkräfte sind dort beschäftigt, die bei der Aufgabenerledigung von weiteren Dozentinnen und Dozenten des Aus- und Fortbildungszentrums sowie Lehrbeauftragten unterstützt werden.

- *Dataport* agiert als IT-Dienstleister für den öffentlichen Dienst in sechs norddeutschen Bundesländern. In der Rechtsform einer Anstalt des öffentlichen Rechts betreibt das Unternehmen Rechenzentren und Informationsinfrastruktur für staatliche und kommunale Kunden und bietet Dienste u. a. im Bereich des IT-Einkaufs für Länder und Kommunen, des digitalen Innovations- und Projektmanagements und der Fortbildung an. Aufgrund seines Aufgabenprofils zeichnet sich Dataport im Vergleich mit den anderen Pilotverwaltungen bereits zu Projektbeginn durch eine vergleichsweise hohe Digitalaffinität aus. Zum Stichtag 01.01.2017 beschäftigte Dataport 2.684 Personen. Mit Blick auf die Beschäftigtenstruktur lässt sich konstatieren, dass der Anteil an Beamten eher gering ist (14 %), ebenso fällt der Anteil an weiblichen Beschäftigten mit ca. 29 % im Vergleich mit den anderen Pilotverwaltungen eher gering aus. Ebenso ist mit 14 % der Anteil an Teilzeitbeschäftigten eher gering; mobiles Arbeiten bzw. Homeoffice ist bereits zu Beginn des Projekts eine vergleichsweise eingeübte Praxis.
- Die *Behörde für Arbeit, Gesundheit, Soziales, Familie und Integration* ist eine der Fachbehörden des Senats der Freien und Hansestadt Hamburg und das (zu FührDiV-Projektbeginn) zuständige Ministerium für die Arbeitsmarkt-, Sozial-, Familien und Integrationspolitik der Hansestadt. Zu Projektbeginn umfasste die Gesamtbeschäftigtenzahl 842 Personen, mehr als ein Drittel der Beschäftigten (331 Personen) waren zu diesem Zeitpunkt verbeamtet. Mit Blick auf das Geschlechterverhältnis lässt sich konstatieren, dass der Anteil an weiblichen Beschäftigten ähnlich wie beim Amt für Soziale Dienste Bremen mit ca. zwei Drittel (548 Be-

schäftigte) vergleichsweise hoch ist. Die Teilzeitquote ist jedoch im Vergleich zum AfSD Bremen mit ca. einem Viertel der Beschäftigten (223 Personen) niedriger. Die Berufsstruktur der Behörde ist ganz überwiegend von Verwaltungsberufen, Büro- und sozialpädagogischen Fachkräften geprägt.

- Die *Stadtverwaltung Hannover* ist die kommunale Selbstverwaltung der niedersächsischen Landeshauptstadt Hannover. Zum Stichtag 31.12.2016 waren 10.818 Personen beschäftigt, 15,9 % (= 1718) der Beschäftigten hatten einen Beamtenstatus inne. Das Gros der Beschäftigten ist aber in Verwaltungsberufen tätig. Daneben gibt es auch Beschäftigte im Bereich Soziales, Bildung, Pflege, in technischen Berufe inkl. feuerwehrtechnischem Dienst, sowie im handwerklich-gewerblichen Bereich. Insgesamt bildet die Stadtverwaltung in über 30 Ausbildungsberufen aus. Zu Projektbeginn waren 56,2 % der Beschäftigten weiblich, die Teilzeitquote lag bei 31,8 %.
- Die *Kreisverwaltung Soest* versteht sich als ein moderner Dienstleistungsbetrieb für die Einwohnerinnen und Einwohner des Kreises Soest. Das Aufgabenspektrum der Kreisverwaltung umfasst dabei sowohl kommunale (Pflicht-)Aufgaben als auch Aufgaben, die die Kreisverwaltung als untere staatliche Verwaltungsbehörde ausführt. Es werden Dienste im Bereich Bildung, Integration, Soziales, Gesundheit, Verkehr, Sicherheit, Bauen sowie Umwelt angeboten. Zum Stichtag 31.12.2016 waren 1.291 Personen bei der Kreisverwaltung beschäftigt, davon war ca. ¼ (= 347 Personen) verbeamtet. Zu Projektstart war das Geschlechterverhältnis in der Behörde mit 688 weiblichen Beschäftigten vergleichsweise ausgeglichen. Die Teilzeitquote lag bei 28,51 % (Stand 31.12.2016); Teilzeit erfolgte dabei in sehr vielen individuellen Arbeitszeitmodellen, häufig verbunden mit mobilem Arbeiten.
- Das *Statistische Bundesamt* ist eine Bundesoberbehörde, die – dem eigenen Selbstverständnis zufolge – Daten liefert, die für die Willensbildung und die Entscheidungsprozesse in einer demokratischen Gesellschaft notwendig sind. Zu Projektbeginn waren 2.251 (inkl. 39 Auszubildende) an zwei Standorten (Wiesbaden und Bonn) beim Statistischen Bundesamt beschäftigt. Das Berufsspektrum der Beschäftigten ist breit und reicht von Mathematik- und Statistik-Berufen über Berufe im Bereich IT-Systemanalyse, IT-Anwendungsberatung und IT-Vertrieb zu Berufen in der (Sozial-)Verwaltung. Auch die Öffentlichkeitsarbeit, die Werbung und das Marketing bilden einen wichtigen Zweig der Behörde. Die Beschäftigtenstruktur stellte sich zu Projektbeginn wie folgt dar: Ca. 30 % der Beschäftigten (677 Personen) waren verbeamtet, der Anteil an weib-

lichen Beschäftigten lag bei ca. 58 %. Teilzeitbeschäftigung ist in unterschiedlichen Modellen in der Behörde weitverbreitet.

Informationen zum Projekt FührDiV

Projektwebsite mit Handlungshilfen, Produkten und Tools zum kostenlosen Download: www.fuehrdiv.org

Starter-Set zur Strategischen Personalplanung für öffentliche Verwaltungen und Organisationen: https://personal-pythia.de

Weiterführende Informationen zum Themenfeld Führung auf der Website der Initiative Neue Qualität der Arbeit: https://inqa.de/DE/wissen/fuehrung/uebersicht.html

Zeitfracht Medien GmbH
Ferdinand-Jühlke-Straße 7
99095 Erfurt, Deutschland
produktsicherheit@kolibri360.de